Schöner nisten

Schöner nisten

Thom Boswell

40 außer-
gewöhnliche Ideen,
Vogelhäuschen
originell zu gestalten

Mit Bauanleitungen

MOSAIK VERLAG

Die Originalausgabe erschien 1993 unter dem Titel *The Bird Feeder Book*
bei Sterling Publishing Co., Inc., New York.

© 1993 Altamont Press
Layout: Chris Colando, Thom Boswell
Produktion: Elaine Thompson, Chris Colando
Fotografie: Eran Bracken
Illustrationen: Charlie Covington
Technische Zeichnungen: Doug Stoll

Der Mosaik Verlag ist ein Unternehmen der Verlagsgruppe Bertelsmann

© 1994 für die deutsche Ausgabe Mosaik Verlag GmbH, München / 5 4 3 2 1
Übersetzung: Beate Gorman, Marl
Redaktion: Anne Heidenreich, Marion Reichhelm, München
Satz: Layout & Grafik 1000, München
Printed and bound in Hongkong
ISBN 3-576-10395-3

INHALT

EINLEITUNG

Wenn Sie noch nie ein Futterhaus oder eine Nisthöhle gebaut haben, erwartet Sie ein wunderbares Abenteuer. Nicht nur das Zusammenbauen macht Spaß – das fertige Haus ist auch eine Zierde für den Garten, und eine faszinierende Vielzahl an Vögeln, die Sie wahrscheinlich noch nie gesehen haben, wird es nutzen. Wenn Sie bereits einige Bastelerfahrung besitzen oder fertig gekaufte Häuschen aufgestellt haben, wird dieses Buch Sie anregen, Ihrer Phantasie und Ihrem Geschick freien Lauf zu lassen, und vielleicht werden Sie eines Tages sogar ein eigenes Häuschen entwerfen.

Dieses Buch enthält Vorschläge für jeden – sowohl für Kinder als auch für erfahrene Heimwerker. Die meisten Projekte werden aus Holz gebaut, aber es werden auch mehrere andere, überall erhältliche Materialien vorgestellt. Jedes Projekt wird ausführlich erläutert, aber Sie können die Entwürfe ruhig verändern und mit ihnen experimentieren. Dieses Buch enthält die »Bauzeichnungen« für vierzig faszinierende Vogelhäuschen, doch es dient auch als Handbuch, das Ihnen hilft, die eigene Kreativität einzusetzen.

Vögeln Schutz, Futter und Wasser zu geben, ist ein Zeitvertreib, der historisch gesehen weit zurückreicht. In Europa wurden im Mittelalter Vögel auf diese Weise »geerntet«, um den eigenen mageren Speiseplan zu ergänzen. Die Indianer hängten Kürbishäuser für Schwalben auf, die die Geier von den Dörrvorrichtungen für Fleisch vertrieben. Gärtner locken gerne bestimmte Vogelarten an, um Insekten, die Pflanzen zerstören können, unter Kontrolle zu halten. Schwalben, Rotkehlchen, Zaunkönige, Drosseln, Grasmücken, Schwalben und Fledermäuse sind ausgezeichnete Kammerjäger, die den Bedarf an Schädlingsbekämpfungsmitteln verringern.

Natürlich gibt es für das Füttern unserer gefiederten Freunde auch Gründe, die weniger selbstsüchtig sind. Da die menschliche Zivilisation die Natur immer weiter zurückdrängt, sind wir verpflichtet, Arten, die keine natürlichen Futter- und Nist-

stellen mehr haben, einen Platz zur Verfügung zu stellen. Auf diese Weise können wir auch Arten in renaturierte Gebiete zurücklocken.

Die Beobachtung von Vögeln ist ein Zeitvertreib, der besonders in den USA, aber auch in Deutschland immer populärer wird, denn es ist ganz natürlich, daß der Mensch gerne Vögel beobachtet und für sie sorgt. Sichtungen werden in sogenannten »Lebenslisten« zusammengestellt, und umfassende Notizen dokumentieren das Verhalten der Vögel. Die besten Entwürfe für Vogelhäuser sind jene, die auf derartigen Informationen basieren.

Beim Bau eines Vogelhauses muß man jedoch nicht unbedingt wissenschaftlich genau vorgehen. Viele Vögel sind selbst mit ganz laienhaften Versuchen zufrieden. Vielleicht ist es Ihnen auch egal, welche Vogelart sich in Ihrem Garten Futter sucht oder nistet. Das lustige Verhalten der Spatzen zu beobachten kann genauso viel Spaß machen wie die glitzernden Farben eines Finken zu bewundern.

Manche Menschen wiederum betrachten derartige Häuschen als eine Kunstform. Ein »Haus« muß nicht unbedingt ein »Heim« sein, und ein Futterhäuschen oder eine Tränke kann einzig zur Freude des Menschen künstlerisch gestaltet sein, während es für die Vögel nichts weiter als ein merkwürdiger Aussichtspunkt ist. Leser, die sich mit Puppenhäusern oder Miniaturen beschäftigen, werden die Möglichkeiten einer kunstvollen Behausung für Vögel zu schätzen wissen. Andererseits werden Sie sicher einige der komplizierteren und fragilen Exemplare in diesem Buch eher als Dekoration im eigenen Haus als draußen für geeignet halten.

Wie Sie in unserer Galerie (S. 30–49) sehen werden, handelt es sich bei diesen Beispielen eher um Nisthöhlen als um Futterhäuschen, doch merkwürdigerweise sind Futterhäuschen populärer als Nisthöhlen. Vielleicht ist es wirklich an der Zeit, Futterhäuschen ebenfalls auf das Niveau der Kunst zu erheben, wie es dieses Buch versucht. Egal, ob es um Funktion oder Phantasie geht, können Sie an diesem schönen, kreativen Prozeß teilhaben.

»Eats Diner«
von Randy Sewell

ÜBERLEGUNGEN FÜR DIE KONSTRUKTION

FUTTERHÄUSCHEN

Es gibt mehrere Grundtypen von Futterhäuschen, die für bestimmte Futtersorten und die Eßgewohnheiten verschiedener Vögel ausgelegt sind. Hier sind einige Punkte aufgeführt, die Sie beim Entwurf Ihres Häuschens in Betracht ziehen sollten:

1. Die Aufnahmefähigkeit des Futterbehälters sollte möglichst groß sein, damit Sie nicht so häufig nachfüllen müssen.

2. Der Futterbehälter sollte sich leicht öffnen lassen, um das Nachfüllen zu erleichtern.

3. Wenn ein Dach vorhanden ist, sollte es das Futter vor Regen und Schnee schützen.

4. Versehen Sie den Futterbehälter mit Drainagelöchern, damit sich keine Wasserpfützen bilden.

5. Bauen Sie ein Silofutterhaus mit einer Plexiglaswand, so daß die Vögel das Futter sehen können.

6. Das Haus sollte groß genug sein, damit die Vögel sich hinhocken und fressen können.

7. Das Haus sollte sich zur Reinigung möglichst leicht auseinandernehmen lassen.

Hier sind die häufigsten Haustypen abgebildet, für die es viele Konstruktionsmöglichkeiten gibt:

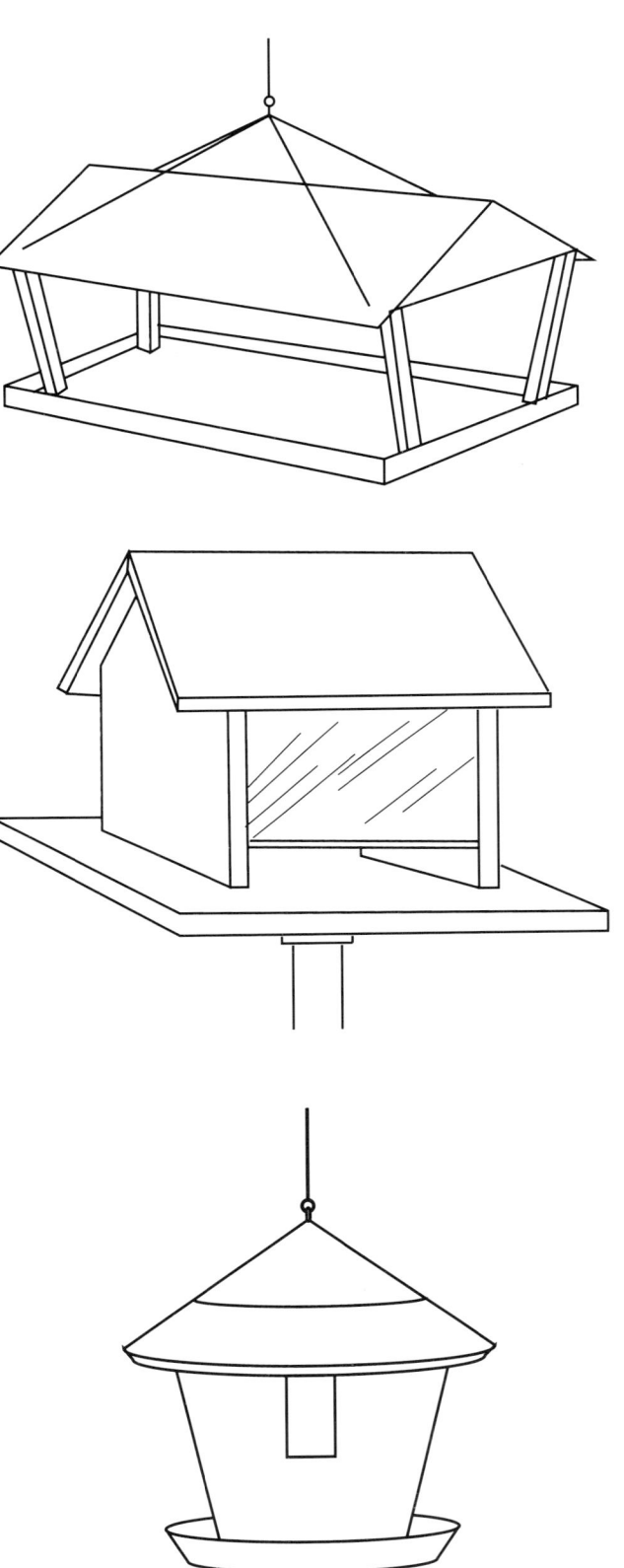

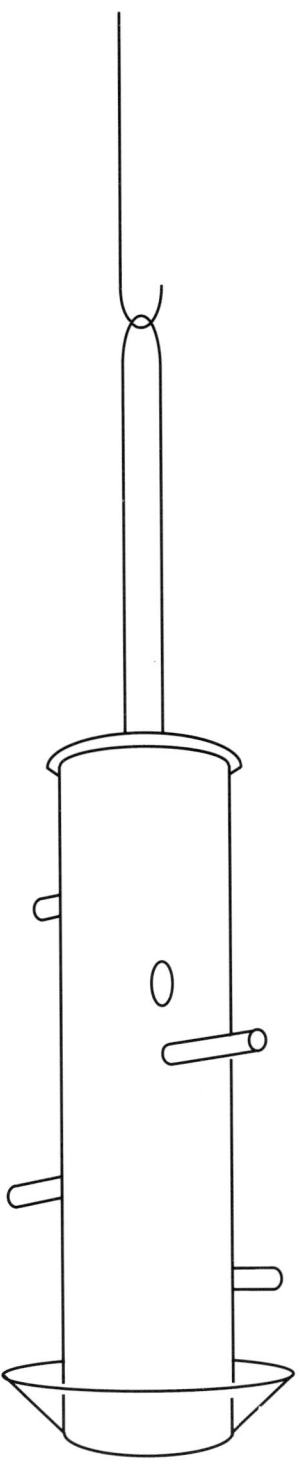

Bodenfutterstellen oder nicht überdachte Futterstellen gehören zu den einfachsten Typen. Mit ihnen können Sie eine Vielfalt von Vögeln wie Eichelhäher, Sperlinge, Tauben und Meisen anlocken, indem Sie zerkleinerten Mais oder Mischfutter direkt auf den Boden streuen. Wählen Sie ein freies Stück Rasen, Boden oder Terrasse, und streuen Sie das Futter in einem Kreis von 2,50 Meter aus. Der Bau eines einfachen Tabletts, das auf einem Pfosten sitzt, hat jedoch mehrere Vorteile für Sie und die Vögel. Wenn Sie es mit einem Rand versehen, damit das Futter nicht herunterfällt, sollte dieser mehrere Einschnitte aufweisen, damit Wasser ablaufen kann. Zu diesem Zweck können Sie auch Löcher in das Tablett bohren. Diese Art von Futterhaus sollte sich in etwa 1,50 Meter Höhe über dem Boden befinden. Es läßt sich sehr leicht nachfüllen und reinigen.

Futterhäuschen mit Dach schützen das Futter vor den Elementen. Dazu sollte das Dach größer sein als der Boden. Das Haus kann auf einem oder mehreren Pfosten sitzen oder auch aufgehängt werden. Diese offene Konstruktion eignet sich für alle möglichen Haustypen, die sehr funktional sind.

Silofutterhäuser sind weitverbreitet, da sie sehr viele wünschenswerte Merkmale aufweisen. Das Hauptmerkmal neben Boden und Dach ist ein Futterbehälter, der das Futter durch Öffnungen langsam abgibt. Das Dach kann sich über Silo und Boden erstrecken oder nur über das Silo. Einige Wände können durchsichtig sein.

Röhrenförmige Häuschen sind sehr beliebt. Meistens bestehen sie ganz aus Kunststoff, damit man das Futter sehen kann, stehen auf einem Pfosten oder werden aufgehängt. An der Röhre befinden sich mehrere Löcher mit Stangen, auf die die Vögel sich hocken können. Oft weisen sie unten einen Boden und eine schützende Dachkuppel auf. Sie lassen sich leicht auffüllen und haben bisweilen mit Metall verstärkte Löcher und Sitzstangen, die von Eichhörnchen nicht durchgebissen werden können.

Für Talg sind wegen seiner kugeligen Konsistenz andere Bauweisen nötig. Ein kunststoffbeschichteter Drahtbehälter ist gut geeignet. In einen aufgehängten Holzscheit, Pfosten oder Stumpf kann man Löcher von 2,5 cm Durchmesser bohren, die mit Talg gefüllt werden. Eine umgekehrt aufgehängte, mit Talg gefüllte Schale (Kokosnußhälfte, Joghurtbecher oder Glocke), lockt Meisen an. Diese Vorrichtungen kann man an einen Baum oder an den Dachgiebel hängen oder an einem Baumstamm befestigen. Diese Futterstellen werden speziell im Winter besucht und ziehen unter anderem Spechte, Kleiber und Spottdrosseln an.

Futternetze sind ebenfalls sehr einfach und lassen sich an anderen Futterhäuschen befestigen. Füllen Sie ein Kunststoffnetz (in dem Zwiebeln verkauft werden) mit Kernen oder Distelsamen, und hängen Sie es auf, um Finken, Ammern oder Meisen anzulocken.

Viele Vögel beobachten erst einmal die Umgebung, bevor sie sich zum Fressen oder Baden niederlassen. Wenn sich in der Nähe des Futterhäuschens oder der Tränke keine Bäume oder hohe Gebäude befinden, können Sie ein paar einfache Sitzstangen bauen. Nageln Sie eine kurze Latte auf einen 2,50 bis 3,50 Meter hohen Pfosten, und setzen Sie diesen in der Nähe in den Boden ein.

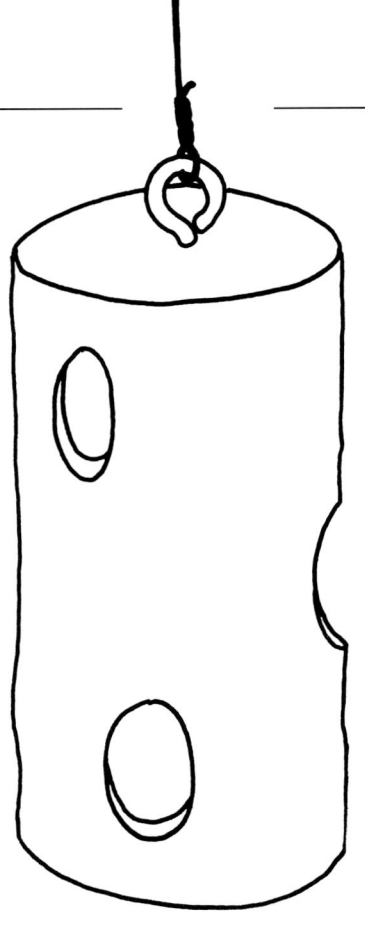

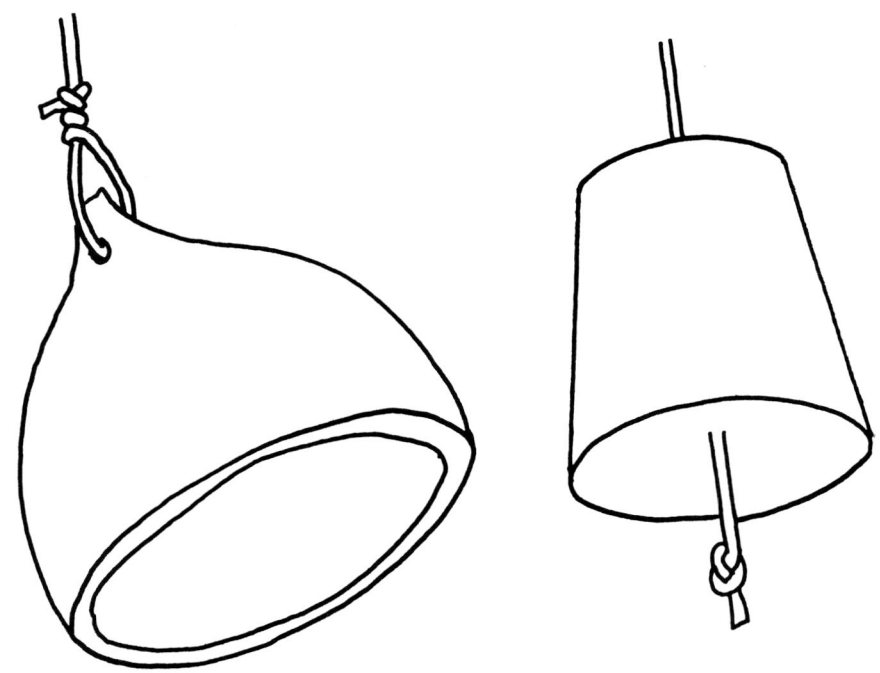

VOGELTRÄNKEN

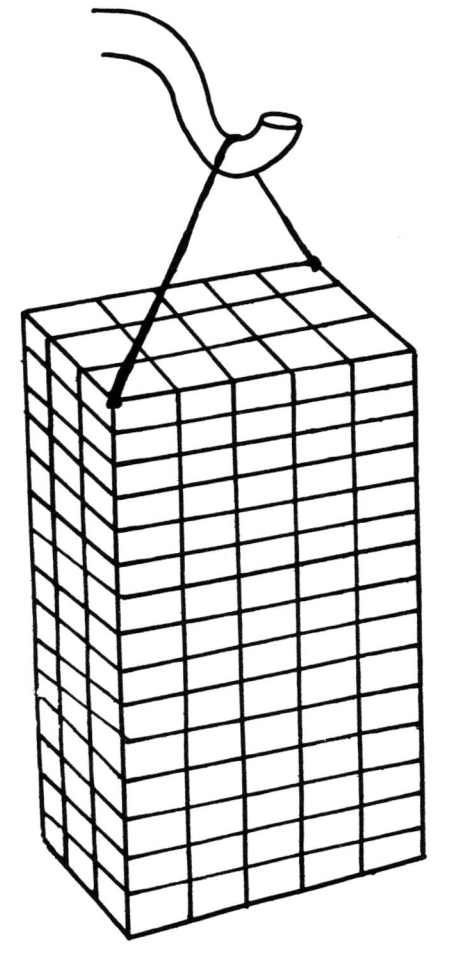

Alle Vögel brauchen Wasser zum Baden und Trinken. Die meisten schöpfen mit ihren Schnäbeln Wasser und legen dann den Kopf zurück, um zu trinken. Andere, beispielsweise Tauben, können schlückchenweise trinken. Auch beim Badeverhalten gibt es einige faszinierende Variationen. Viele Vögel stehen in flachem Wasser und schleusen es mit verschiedenen Körperbewegungen durch ihre Federn. Einige tauchen schnell unter und fliegen wieder hoch, während andere für eine Weile voll ins Wasser eintauchen. Vögel baden sich auch im Regen oder Tau.

Eine Tränke wird häufiger besucht, wenn sie sich in der Nähe eines Futterhäuschens befindet. Sie kann auf dem Boden oder auf einem Pfosten stehen. Wenn Sie eine Tränke herstellen oder kaufen, sollten Sie daran denken, daß das Becken ziemlich flach und leicht abfallend sein sollte, damit die Vögel bis auf eine Tiefe von nicht mehr als 7–8 cm hineinwaten können. Die Oberfläche sollte nicht glatt sein. Vermeiden Sie Keramik, wenn das Wasser im Winter gefriert, da dieses Material dann platzt. Beton ist gut geeignet und kann, speziell wenn er verstärkt wird, zu allen möglichen Formen verarbeitet werden. Vielleicht möchten Sie einen oder mehrere kleine Becken in Ihre Gartenlandschaft einbeziehen, doch selbst ein umgedrehter Mülleimerdeckel wird seinen Zweck erfüllen.

Das Geräusch von fließendem Wasser ist für Vögel besonders anziehend, und es läßt sich auf vielfältige Weise erzielen. Tropfrohre und Nebelfontänen kann man kaufen, Sie können jedoch auch ein Wasserreservoir errichten, indem Sie einen Eimer mit einem winzigen Tropfloch oberhalb der Tränke aufstellen. Der Behälter muß natürlich immer wieder aufgefüllt werden.

Vögel brauchen auch im Winter, wenn es kalt und trocken ist, Wasser. Um zu verhindern, daß das Wasser in der Tränke gefriert, können Sie ein preiswertes elektrisches Heizgerät kaufen, das speziell für Vogeltränken gedacht ist. Schrubben Sie die Tränke hin und wieder mit klarem Wasser und einer Bürste sauber.

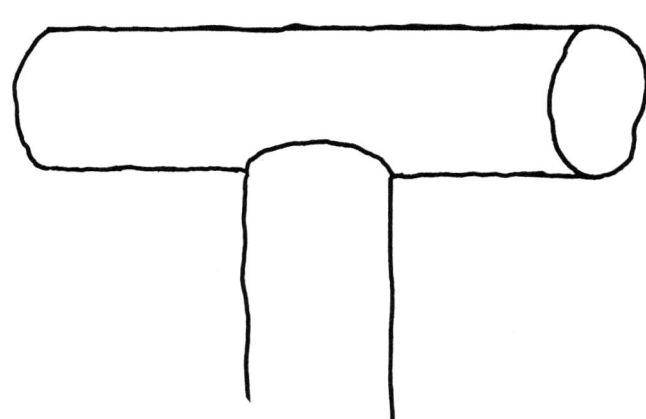

NISTHÖHLEN

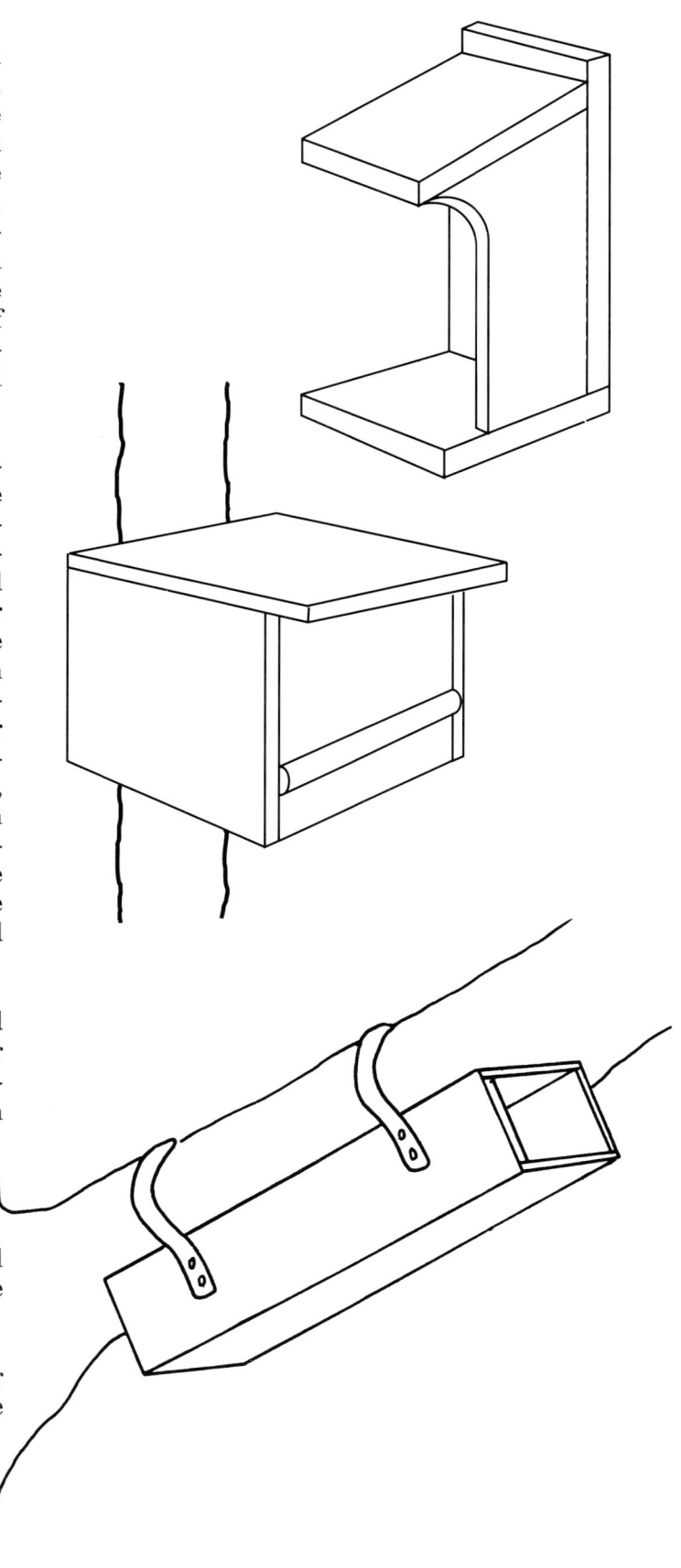

Wenn man bedenkt, wie viele Vögel in den unwahrscheinlichsten Ecken und Nischen nisten, meint man, daß sie keine besonderen Ansprüche stellen. Doch jede Vogelart hat ihre ganz eigenen Bedürfnisse, was die Maße ihrer Wohnung, die Größe und Position des Flugloches, Lage usw. betrifft. Außerdem ist es bei den meisten Vogelarten überraschend schwierig, sie in vom Menschen hergestellte Vogelhäuser zu locken. Selbst die Farben der Nisthöhle haben Auswirkungen auf ihre Bewohnbarkeit. Vögel bevorzugen im allgemeinen natürliche, gedämpfte Farbtöne, obwohl Schwalben von Weiß angelockt werden.

Die Tabelle auf den nächsten Seiten listet Richtlinien für viele häufige Vogelarten auf, aber Sie sollten bedenken, daß es sich beim Bau von Vogelhäusern nicht um eine exakte Wissenschaft handelt. Durch die Beobachtung des Verhaltens und der Nistgewohnheiten von Vögeln, die in Ihrer Gegend häufig sind, können Sie viel lernen. Die Größe der Behausung oder Plattform sollte sich nach der Größe der Vögel, die Sie anlocken wollen, richten. Befestigen Sie das Haus an einer Stelle, die seinem bevorzugten Habitat entspricht. Wenn der Vogel Nester im Freien baut, wird er wahrscheinlich ein Haus mit Plattform bevorzugen. Wenn er in Baumlöchern oder anderen Nischen nistet, müssen Sie eine geschlossene Behausung bauen. Achten Sie darauf, welche Vogelarten in Ihrer Gegend häufig sind, und ändern Sie die Entwürfe entsprechend ab.

Eine Reihe der Entwürfe in diesem Buch sind jedoch eher zur Freude des Menschen und zur Dekoration gedacht und nicht so sehr zur Benutzung durch Vögel. Das Bauen von Vogelhäusern hat sich zu einer selbständigen Kunstform entwickelt, und die Behausungen werden in Geschäftsräumen und Galerien, in Gärten und öffentlichen Anlagen zur Schau gestellt. Und wer weiß – vielleicht teilt ja irgendein Vogel Ihren Geschmack und paßt seine Bedürfnisse Ihrer Phantasieschöpfung an.

Die meisten Vogelhäuser lassen sich grob in vier Kategorien unterteilen, von denen jede unzählige Konstruktionsmöglichkeiten bietet.

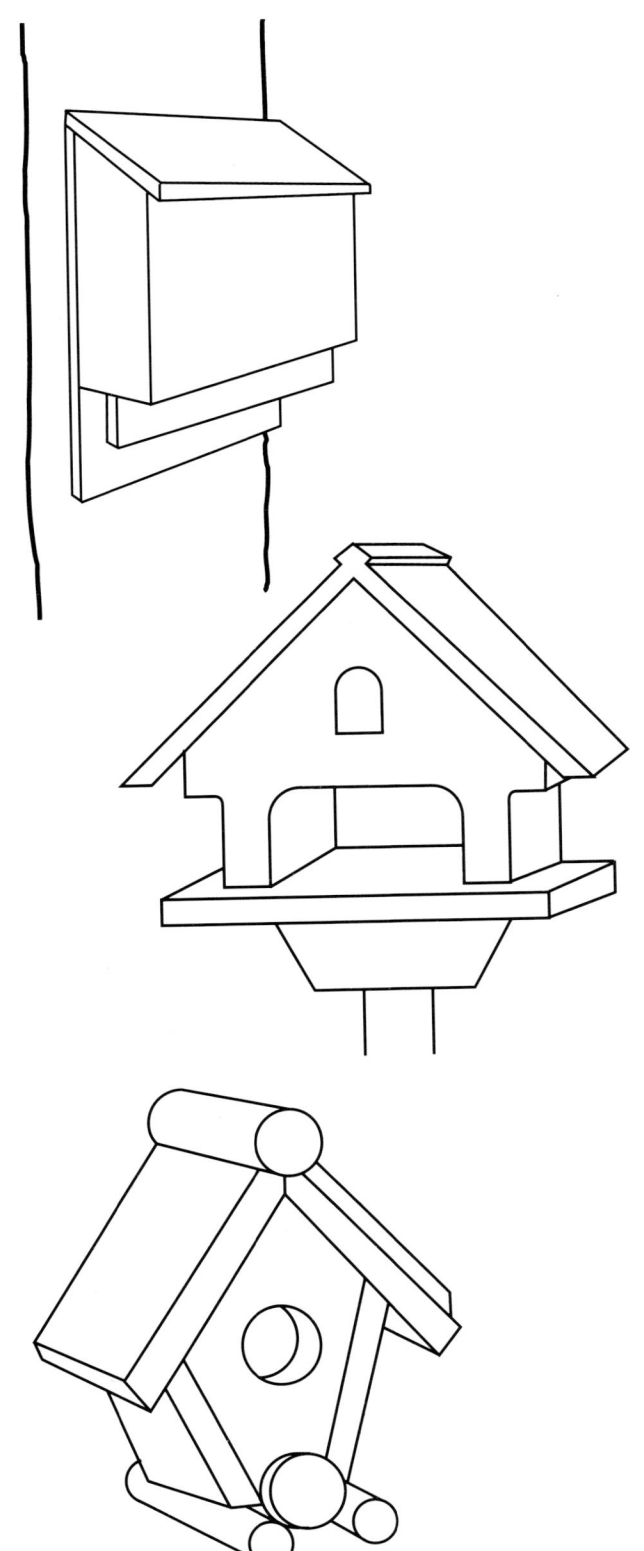

Plattform-Häuser werden von mehreren Arten, die Platzangst haben, etwa Rotkehlchen, bevorzugt. Sie können an einem Pfosten oder in einem Baum befestigt, aber auch an eine Wand gehängt werden. Gelegentlich weisen sie ein oder zwei Wände auf, die die Wandbefestigung erleichtern oder als Windschutz dienen.

Offene Nistkästen können sehr unterschiedlich sein, was von der Größe, der Plazierung und davon abhängt, welcher Teil offen bleibt. Schleiereulen beispielsweise kommen ohne Dach aus, wenn sich der Kasten in einem viel größeren Gebäude befindet. Turmfalken und Fliegenschnäpper bevorzugen eine fehlende Wand. Fledermäuse brauchen einen offenen Boden, um von unten in das Haus zu fliegen. Die Befestigung und die Plazierung des Hauses hängen also stark von den Bedürfnissen der jeweiligen Vogelart ab.

Geschlossene Häuser sind am weitverbreitetsten, da sie einer Vielzahl von Vogelarten entgegenkommen. Das Flugloch befindet sich bei diesen Häusern in einiger Höhe über dem Boden. Bei allen anderen Konstruktionselementen, bei der Befestigung und Plazierung sind alle möglichen Variationen möglich.

Häuser mit Unterteilungen sind nur begrenzt geeignet, da sie nur für Vögel taugen, die in Kommunen leben, beispielsweise Schwalben und Fledermäuse. Schwalbenhäuser werden hoch auf Pfosten oder Hausdächern angebracht, während Häuser für Fledermäuse oben in den Bäumen oder auf Pfosten befestigt werden. Die Anzahl der einzelnen Kammern kann stark variieren.

Arten, die in Vogelhäusern gefüttert werden oder nisten

Art	Ungefähre Abmessungen	Größe des Fluglochs
Star[1]	Boden: 13 x 13 cm Höhe Innenraum: 20 bis 25 cm	Höhe über dem Boden (zentriert): 15 cm (12,5 cm für Grasmücken) Durchmesser: 4 cm
Meise (Kohlmeise, Sumpfmeise, Blaumeise, Gartenrotschwanz, Gartenbaumläufer, Kleiber)[2]	Boden: 10 x 10 cm Höhe Innenraum: 20 bis 25 cm	Höhe über dem Boden (zentriert): 15 cm Durchmesser: 3,5 cm
Fink (Buchfink, Bergfink)	Boden: 15 x 15 cm Höhe Innenraum: 15 cm	Höhe über dem Boden (zentriert): 7,5 – 10 cm Durchmesser: 5 cm
Specht (Kleinspecht)	Boden: 18 x 18 cm Höhe Innenraum: 40 cm +	Höhe über dem Boden (zentriert): 30 cm + Durchmesser: 7 cm
Fliegenschnäpper, Grauschnäpper, Bachstelze, Hausrotschwanz	Boden: 15 x 15 cm Höhe Innenraum: 35 cm	Höhe über dem Boden (zentriert): 15 cm + Durchmesser: 5 cm
Dohle	Boden: 20 x 20 cm Höhe Innenraum: 30 cm	Höhe über dem Boden (zentriert): 15 cm Durchmesser: 15 cm
Eule (Schleiereule)	Boden: 25 x 46 cm Höhe Innenraum: 46 cm	Höhe über dem Boden (zentriert): 10 cm Durchmesser: 15 cm
Käuze (Waldkauz und Steinkauz)	Boden: 25 x 25 cm Höhe Innenraum: 38 cm	Höhe über dem Boden (zentriert): 25 cm + Durchmesser: 7,5 cm
Taube (Haustaube oder Stadttaube)	Boden: 20 x 20 cm Höhe Innenraum: 20 cm	Höhe über dem Boden (zentriert): 10 cm Durchmesser: 10 cm
Rauchschwalbe, Mehlschwalbe	Boden: 15 x 15 cm Höhe Innenraum: 15 cm (jede Kammer)	Höhe über dem Boden (zentriert): 4,5 cm Durchmesser: 6,5 cm
Rotkehlchen	Boden: 15 x 15 cm Höhe Innenraum: 20 cm (Plattform mit offenem Dach)	Kein Loch, Kasten mit Dach, an den Seiten offen
Sperling (Haussperling und Feldsperling)	Boden: 25 x 25 cm Höhe Innenraum: 38 cm +	Höhe über dem Boden (zentriert): 15 cm Durchmesser: 4 cm
Brautente, Mandarinente[3]	Boden: 15 x 15 cm Höhe Innenraum: 35 cm +	Höhe über dem Boden (zentriert): 30,5 – 40,5 cm (23 – 30,5 cm für Turmfalken) Durchmesser: 7,5 – 10 cm (oval) Fügen Sie im Innern eine mit feinmaschigem Draht versehene Rampe hinzu
Specht (Buntspecht)	Boden: 20 x 20 cm Höhe Innenraum: 60 cm	Höhe über dem Boden (zentriert): 23 – 30,5 cm Durchmesser: 4 cm 5 cm (Buntspecht)
Specht (Grauspecht)	Boden: 10 x 10 cm Höhe Innenraum: 35 cm	Höhe über dem Boden (zentriert): 25 cm Durchmesser: 10 cm
Zaunkönig	Boden: 10 x 10 cm Höhe Innenraum: 20 cm	Höhe über dem Boden (zentriert): 10 cm Durchmesser: 3 cm

[1] Das Haus dient auch: Grasmücken, Grauschnäpper.
[2] Das Haus dient auch: Haubenmeisen.
[3] Das Haus wird auch Turmfalken dienen.

Höhe über dem Boden	Tips zur Plazierung
1,50 – 3 m	Auf Zaunpfählen, Baumstümpfen, Pfosten, Baumstämmen etc. Plazieren Sie das Haus in der Nähe von offenen Feldern oder Grasland (Park, Friedhof, Golfplatz). Schutzvorrichtung gegen Räuber ist anzuraten.
1,80 – 4,50 m	In der Nähe großer Bäume anbringen, mit nichtduftenden Hobelspänen füllen.
3,20 – 3,60 m	Freibrüter
1,80 – 6 m	
2,40 – 6 m	Sind alles Halbhöhlenbrüter, die gerne am Haus nisten.
3 m +	Nistet gerne in altem Gemäuer.
3,60 – 6 m	In der Nähe von offenen Feldern/Wiesen anbringen, so daß ein Jagdrevier zur Verfügung steht.
3 – 9 m	Nistet oft in Höhlen alter Bäume.
3 m +	Nistet gerne auf Fenstersimsen.
Außerhalb der Reichweite von Katzen	Bevorzugen offenes Gelände in der Nähe von Wiesenflächen zur Nahrungssuche. Freibrüter
3,60 m	Habitate sind stark unterschiedlich. Nistet bevorzugt in Bodennähe.
3 – 6 m	An Bäumen oder Gebäuden anbringen.
3,60 – 6 m	Brautente: In der Nähe von (oder über) Wasser anbringen, mit etwas Sägemehl füllen, Schutzvorrichtung gegen Beutegreifer ist anzuraten. Turmfalke: Am Rand eines Feldes oder Wiese anbringen, so daß ein Jagdrevier vorhanden ist.
3,60 – 6 m	Bevorzugt ein hohles Baumstamm-Stück.
1,80 – 3 m	Freibrüter
1,80 – 3 m	Am Waldrand, in Efeu an der Hauswand, etc. anbringen.

Ihr Vogelhaus wird jedes Jahr nur ein paar Monate lang von Zugvögeln bewohnt werden. Warten Sie mit der Reinigung bis zum Frühjahr, damit Wintervögel wie Meisen und Rotdrosseln das alte Nistmaterial verwenden können. Zur leichteren Reinigung des Hauses sollte eine Wand mit Scharnieren versehen sein oder sich herausnehmen lassen. Nachdem Sie das alte Nistmaterial entfernt haben, gießen Sie kochendes Wasser in das Hausinnere, um noch verbliebene Parasiten zu töten.

Den meisten Häusern tut Lüftung und Drainage gut. Kleine Löcher oder Schlitze können als Lüftungsöffnungen um den Dachfuß herum eingeschnitten werden. Bohren Sie Drainagelöcher von 3 mm Durchmesser in die Ecken des Bodens.

Das Flugloch ist ein wichtiger Teil jedes Hauses. Wenn es zu groß ist, zieht es Eindringlinge an. Ist es zu klein oder zu hoch angebracht, wird der Zugang erschwert. Um Räuber abzuhalten, schneiden Sie einen Ring aus 2 cm dickem Holz zu, der der Größe des Fluglochs entspricht, und befestigen ihn im Innern, um den Eingang zu verlängern. Rauhen Sie diesen Tunnel mit einer Feile auf, damit die Vogelkrallen Halt finden.

Wenn Sie Form und Material des Dachs verändern, können Sie das Vogel- oder Futterhaus auf einfache Weise reizvoller gestalten. Grundformen sind Hütten-, Giebel-, Walm-, Mansarden-, Krüppelwalmdächer, Pyramiden, kegelförmige Konstruktionen und Kuppeln. Als Materialien sind Massivholz, Sperrholz, rindenbeschichtete Platten, Zedernschindeln oder Dachpfannen für Puppenhäuser, Dachpappe, Fiberglasschindeln, Blech, Kupfer, Bambus und Dachstroh geeignet. Allgemein gilt: Je steiler ein Dach, desto geringer ist die Chance, daß es undicht wird. Achten Sie darauf, daß der First abgedichtet ist. Ein Flachdach muß mit einem unempfindlichen Dichtungsmittel geschützt werden, genau wie Sperrholzkanten, an denen sich die einzelnen Schichten lösen können.

Unerwünschte Gäste

Die Welt ist ein Dschungel – und das ist auch gut so. Auch wenn wir Singvögel mit buntem Gefieder und guten Manieren bevorzugen, hat es die Natur so eingerichtet, daß die Schwachen den Stärkeren zum Opfer fallen. Schwalben und Mauersegler können unsere Schornsteine mit ihren Nestern verstopfen, aber sie verschlingen auch Tonnen von lästigen Mücken.

Schließlich spielen auch die Eingriffe des Menschen in diesem großen System eine Rolle, denn wir können unsere gefiederten Freunde mit Futter versorgen und ihnen Schutz bieten. Dazu müssen wir lernen, wie wir die Konkurrenz und Räuber ausschalten können, die unsere Bemühungen zunichte machen können. Aus diesem Grund sind hier die zehn größten Feinde der Vögel weltweit aufgeführt.

Sperlinge

Die meisten Spatzenarten nisten fast überall – auch auf Ihrem Dachboden, wenn sie einen Eingang finden. Wenn Sie ein Vogelhaus für eine seltenere Vogelart gebaut haben, werden Sie Sperlinge davon abhalten wollen, sich dort einzunisten. Da sie früher als die meisten Vögel mit dem Nisten beginnen, können Sie ihre Nester wahrscheinlich ausräumen, bevor die erwünschten Gäste eintreffen. Wahrscheinlich werden Sperlinge sich nicht so schnell häuslich niederlassen, wenn sie den Vorbau unter dem Flugloch weglassen.

Sperlinge werden auch häufige Gäste an Ihrem Futterhaus sein. Das macht im Grunde nichts, wenn die Futtermenge nicht begrenzt ist oder andere Vögel angelockt werden sollen. Wenn Spatzen unerwünscht sind, sollten Sie das Häuschen mit roter Hirse, Distelsamen und Erdnüssen füllen.

Stare

Es ist nicht leicht, Stare davon abzuhalten, in Ihrem Vogelhaus zu nisten. Genau wie Spatzen sind Stare so unbeliebt, weil sie so weitverbreitet sind. Am besten ist es, wenn Sie das Vogelhaus streng nach den Angaben in der Tabelle auf S. 14–15 bauen.

Bei den meisten Futterhäuschen wird es wahrscheinlich wenig Streit ums Futter geben, da Stare hauptsächlich Talg fressen. Denken Sie daran, wenn Sie Talg für andere Vögel hineingeben.

Katzen

Achten Sie auf das Jagdgebiet von Katzen, wenn Sie ein Vogel- oder Futterhaus anbringen. Katzen lieben Vögel nun einmal, aber eine Hauskatze wird einen Vogel wahrscheinlich eher im Spiel quälen, statt ihn sich einzuverleiben. Bringen Sie das Haus oder die Tränke so hoch an, daß sie sich außer Reichweite von Katzen befindet. Bringen Sie am Baum oder Pfosten eine Vorrichtung an, die Räuber fernhält. Hängen Sie ein Glöckchen an das Halsband Ihrer Katze. Entfernen Sie niedriges Gebüsch, in dem die Katze den Vögeln auflauern könnte, und halten Sie das Gras um das Futterhaus herum kurzgeschnitten.

Hunde

Hunde sind nicht halb so gefährlich wie Katzen, aber sie können dennoch eine Bedrohung darstellen, wenn Sie keine Vorsichtsmaßnahmen ergreifen. Sie können Ihren Hund oder den des Nachbarn zwar ermahnen, aber am einfachsten ist es wahrscheinlich, das Vogelgebiet vom Territorium des Hundes abzugrenzen. Schon allein die Gegenwart eines Hundes kann ausreichen, um zaghaftere Vögel von Ihren sorgfältig angelegten Futterplätzen fernzuhalten.

Wiesel, Marder

In ländlichen Gegenden können diese Räuber auf der Suche nach einer schnellen Mahlzeit sein. Gehen Sie genauso vor wie bei den Katzen, und bringen Sie zusätzlich einen Zaun mit engmaschigem Draht an. Vielleicht können Sie der Bedrohung Herr werden, indem Sie Fallen aufstellen. Dabei sollten Sie sich bei einem Förster Rat holen.

Greifvögel

Ein Angriff dieser großen Vögel auf kleinere Vögel ist im Grunde ganz natürlich und irgendwie auch

faszinierend zu beobachten, aber dennoch recht unwahrscheinlich. Wenn Sie kleineren Vögeln die Möglichkeit zur Verteidigung geben wollen, sollten für den Fall eines Angriffs in der Nähe viele Zufluchtsorte vorhanden sein. Die wahrscheinlichsten Räuber sind Sperber. Denken Sie jedoch daran, daß es sich bei diesen Vögeln um eine gefährdete Art handelt.

Eichhörnchen

Diese niedlichen kleinen Wesen sind wahrscheinlich die häufigste Plage. Die legendäre Anziehungskraft von Futterhäuschen auf Eichhörnchen kann für uns als Gastgeber zu einer zeitraubenden Beschäftigung werden, sollte aber in die richtige Perspektive gerückt werden. Am besten geht man davon aus, daß ein gewisses Maß an Piraterie durch Eichhörnchen unausweichlich ist.

Da es Ihr Ziel ist, Eichhörnchen vom Vogelfutter fernzuhalten, wollen wir eine Reihe von Methoden in Betracht ziehen. Befestigen Sie das Futterhäuschen in mindestens 6 Metern Entfernung zum nächsten Baum und in mindestens 1,80 m Höhe. Der Pfosten sollte aus glattem Metall bestehen. Sie können kegel- oder scheibenförmige Manschetten in mindestens 1,20 m Höhe am Pfosten oder an dem Draht, an dem das Futterhäuschen hängt, befestigen. Andere Hindernisse, die Sie anbringen, sollten aus Metall oder festem Kunststoff bestehen, damit sie von den Eichhörnchen nicht durchgenagt werden können.

Als letzten Ausweg können Sie gehackte Maiskörner oder ganze Kolben getrockneten Mais anbieten, um Eichhörnchen von dem teureren Futter abzulenken, das für die Singvögel gedacht und in einiger Höhe angeboten wird. Der Mais kann auf den Boden gestreut oder in die Bäume gehängt werden. Getrocknete Maiskolben können sogar auf spezielle Futtervorrichtungen für Eichhörnchen in den Bäumen gespießt werden, so daß diese possierlichen Tiere beschäftigt sind. Vielleicht werden Sie sogar feststellen, daß es im Grunde genauso viel Spaß macht, Eichhörnchen zu beobachten wie dem Treiben der Vögel zuzusehen.

SCHUTZVORRICHTUNGEN GEGEN RÄUBER

Die Vögel werden die friedliche Umgebung Ihres Häuschens oder Ihrer Tränke viel mehr zu schätzen wissen, wenn Sie Hindernisse anbringen, die die unausweichliche Belästigung durch unerwünschte Gäste verhindern. Diese Hindernisse sind besonders wirkungsvoll bei vierbeinigen Eindringlingen.

Stangen, Pfosten und Bäume können mit einer Hülse aus Aluminiumblech versehen werden, so daß die Tiere mit ihren Pfoten abrutschen. Diese Hülsen sollten sich in mindestens 1,50 m Höhe befinden. Eine Metallstange kann zusätzlich eingefettet werden.

Aus Aluminiumblech kann man für runde und viereckige Pfosten kegelförmige Manschetten konstruieren. Fügen Sie das Blech mit Schneidschrauben, die mit einem Elektrobohrer eingeschraubt werden, zusammen und befestigen Sie die Manschette auch auf diese Weise. Sie sollte sich mindestens 1,20 m über dem Boden befinden.

Wenn das Vogelhäuschen aufgehängt wird, sollten Sie anstelle eines Seils dicken Draht verwenden, denn an einem Seil können Eichhörnchen hinunterklettern oder es zernagen. Sie können auch kleine metallene Backformen als Manschetten anbringen, um unerschrockenen Eindringlingen einen Strich durch die Rechnung zu machen. Der Draht kann an einem zweiten Draht, der zwischen zwei Bäumen oder Gebäuden hängt, befestigt werden, aber ein Futterhäuschen sollte mindestens 6 m von einem Baum oder einem hohen Gebäude entfernt sein, damit es sich außer Sprungweite befindet.

Eine weitere Möglichkeit, Katzen fernzuhalten, besteht darin, feinmaschigen Draht auf dem Boden unter einem Vogelhaus auszubreiten. Dies hindert die Tiere daran zu springen, weil sie auf dem Boden nicht genug Anlauf nehmen können.

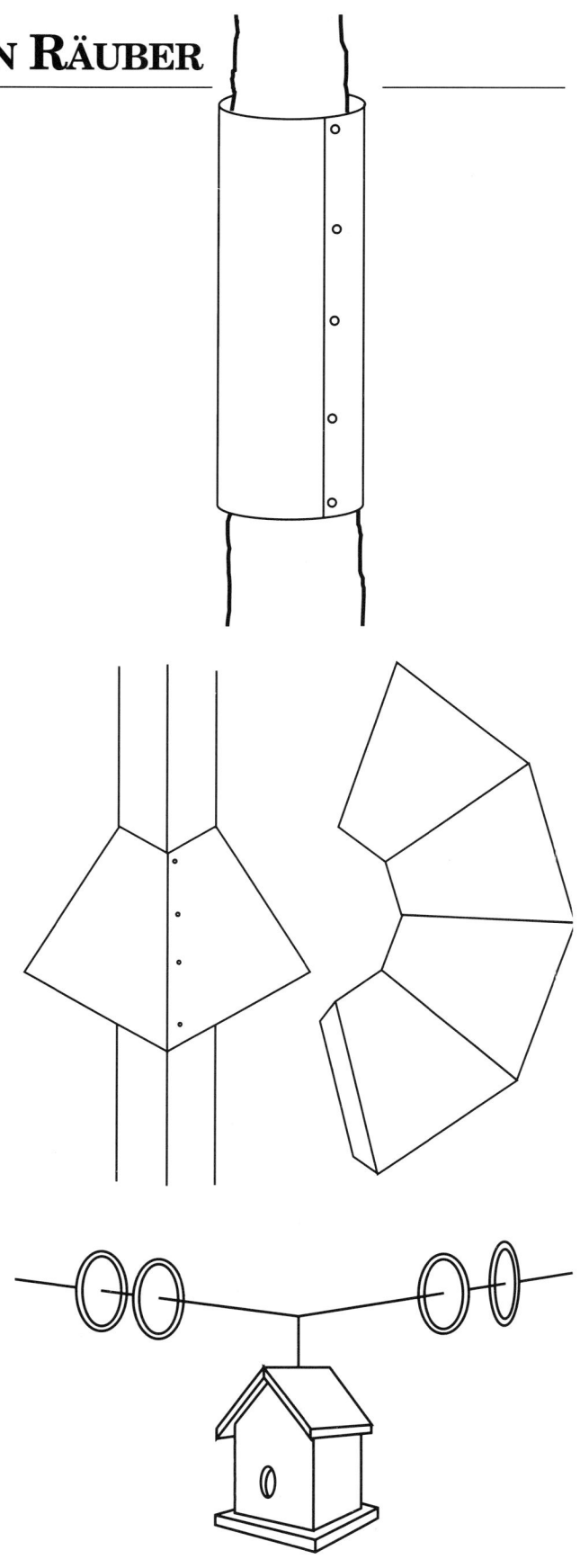

BEFESTIGUNGSMÖGLICHKEITEN

Die meisten Vögel bevorzugen ein Haus, das fest auf einem Pfosten steht oder an einem Baum oder einer Wand hängt. Das bedeutet jedoch nicht, daß man beispielsweise Futterhäuschen nicht auch aufhängen könnte. Sehen Sie sich den Standort genau an, bevor Sie die Befestigung Ihres Häuschens planen.

Wenn Sie ein Haus von einem Baum herabhängen, sollten Sie den Zweig mit Stoff oder einem Fahrradschlauch umwickeln, damit der Draht den Baum nicht beschädigt. Achten Sie darauf, daß der Zweig stark genug ist, um das Häuschen zu halten.

Wenn Sie ein Vogelhaus an einem Baumstamm befestigen, sollten Sie dazu möglichst eine Leiste verwenden. Diese sollte doppelt so hoch wie das Häuschen sein und senkrecht angebracht werden. Auf diese Weise wird die Belastung durch das hervorstehende Schwerkraftzentrum reduziert. Verwenden Sie verzinkte Schrauben, oder befestigen Sie die Leiste mit einem festen Band am Baum. Auch an einer Wand sollte das Häuschen mit verzinkten Schrauben befestigt werden.

Pfosten können aus Metall oder Holz bestehen. Verwenden Sie druckimprägniertes Bau- oder Zedernholz, das rund oder viereckig sein kann. Setzen Sie den Pfosten mindestens 45 cm tief in den Boden ein, und geben Sie bei Holz eine Schicht Kies in das Loch. Der Pfosten muß nicht einzementiert werden, aber die Erde sollte um den Pfosten herum gut festgeklopft werden. Das obere Ende eines Metallrohrs kann ein Gewinde haben, so daß ein Flanschsockel, der sich auf der Bodenunterseite des Vogelhauses befindet, festgeschraubt werden kann. Holzpfosten können oben mit Winkeleisen aus Metall oder mit dreieckigen Stützen aus Holz verstärkt werden.

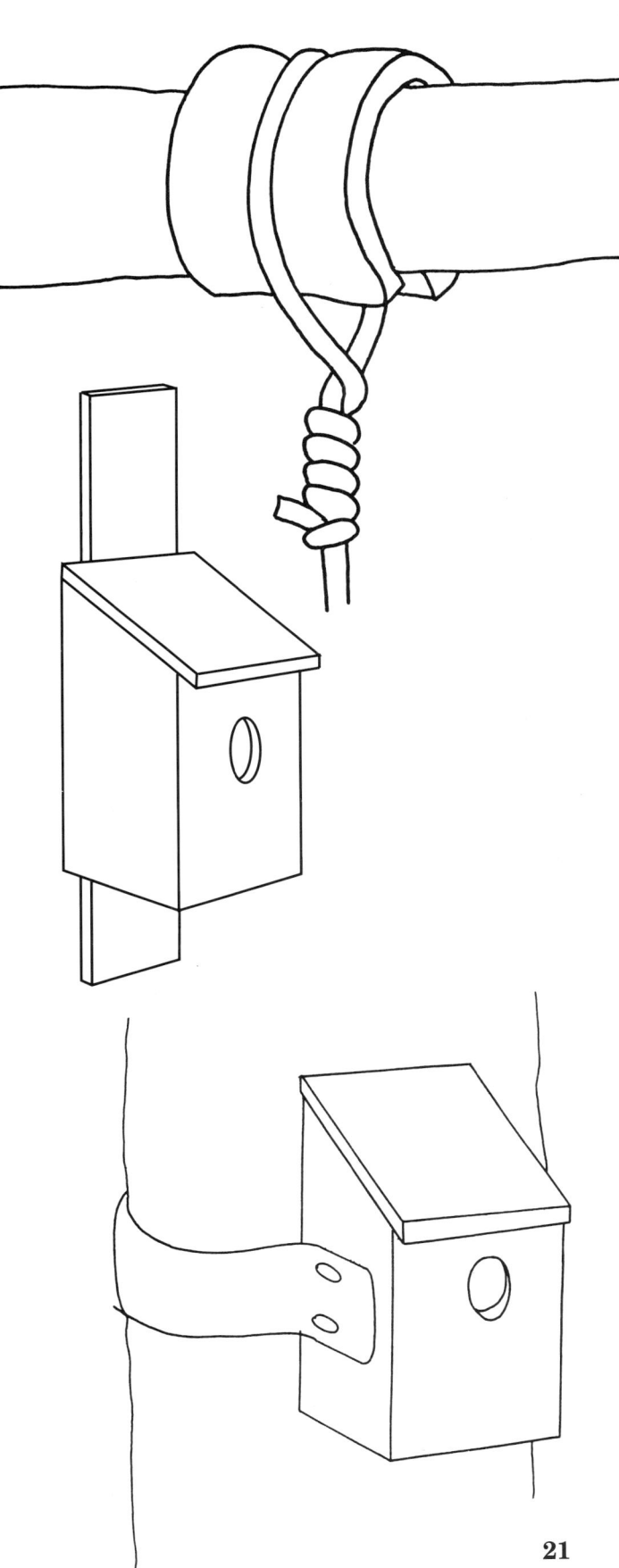

DIE STANDORTSUCHE

Bei der Wahl des geeigneten Standorts für das Vogelhaus oder eine Tränke, müssen mehrere Dinge in Betracht gezogen werden. Sie wollen eine Umgebung schaffen, die einen besonderen Reiz auf Vögel ausübt. Als erstes sollten Sie Futter, Wasser und Schutzvorrichtungen zur Verfügung zu stellen. Geschieht dies in der Nähe von Bäumen, Sträuchern und Blumen, wird das Vogelhabitat noch weiter verbessert. Sie sollten die Elemente, die normalerweise in der Umgebung fehlen, betonen. In freiem Gelände beispielsweise sollten Sie Bäume pflanzen, in einem Wüstengebiet stellen Sie Wasser zur Verfügung. Im Winter versorgen Sie die Vögel mit Futter.

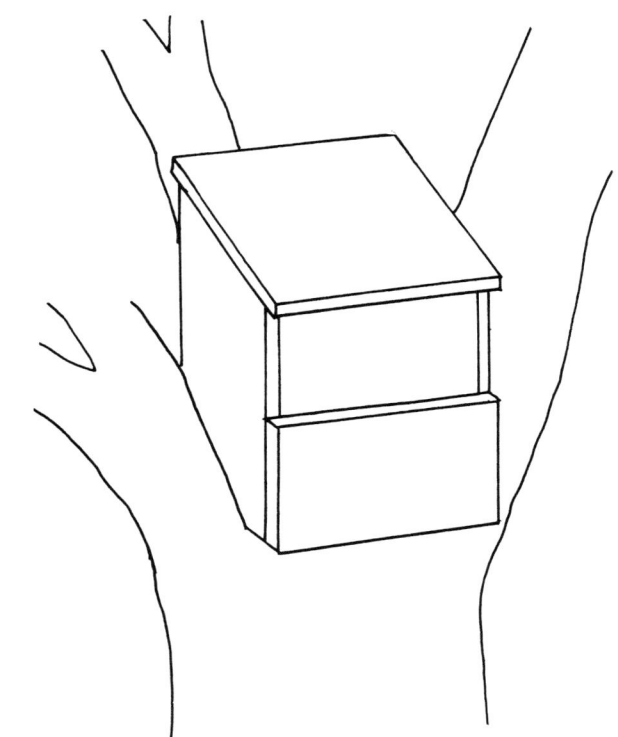

Vögel bevorzugen ein Grenzhabitat – eine offene Wiese oder einen Rasen am Rand eines Wäldchens. So können sie ungehindert umherfliegen, während gleichzeitig Futter, Nistmaterial und Schutz im Wald vorhanden sind.

Sie können das Futterhaus langsam immer näher an Ihr Haus heranrücken, wenn die Vögel sich daran gewöhnt haben, es zu benutzen. So können Sie die Vögel besser von Ihrem Fenster aus beobachten. Es gibt sogar Futterhäuschen, die man direkt am Fenster aufstellen kann, so daß der Blick auf die Vögel völlig ungehindert ist.

Bringen Sie ein Vogelhaus so an, daß das Flugloch sich nicht in der Hauptwindrichtung befindet und Regen ausgesetzt ist. Um zaghaftere Vogelarten anzulocken, sollte die Vorderseite nicht in Richtung Bürgersteig, Zufahrten und Spielplätzen angebracht sein. Vermeiden Sie Standorte, die extremem Sonnenschein ausgesetzt sind. Für offene Nistkästen und Plattformen sollten Sie einen geschützten und möglichst versteckten Platz finden. In der Tabelle auf Seite 14 und 15 werden genaue Angaben zur Standortsuche gemacht.

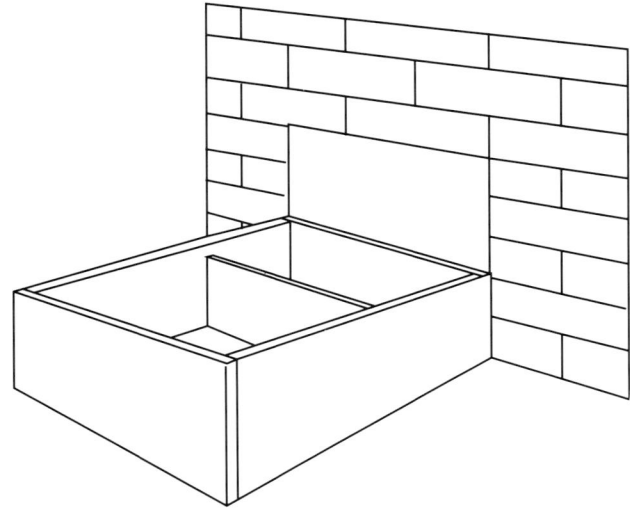

Wenn es in Ihrem Garten an den entsprechenden Pflanzen fehlt, sollten Sie ihn landschaftlich ein wenig gestalten, um Vögel anzulocken. Der Feuerdorn beispielsweise trägt wunderbare Beeren, die die Vögel in den Wintermonaten lieben. Sonnenblumen sind ebenfalls ein sicherer Tip. Erkundigen Sie sich danach, was in Ihrer Gegend wächst.

EINIGE HINWEISE ZU DEN ANLEITUNGEN

MATERIALIEN

Es gibt keine idealen Materialien für den Bau von Futterhäuschen und Nisthöhlen, denn die Feuchtigkeit fordert schließlich ihren Tribut in der Form von Fäulnis und Rost. Andere Faktoren wie Sonne, Temperaturschwankungen, giftige chemische Bestandteile, Kosten und Verfügbarkeit spielen bei der Wahl der Materialien ebenfalls eine Rolle. Wir wollen uns einmal die wahrscheinlichsten Alternativen ansehen.

Massivholz ist immer noch ein beliebtes Material, da es ästhetisch ist und sich leicht verarbeiten läßt. Der einzige Nachteil besteht darin, daß es nur in einer Stärke von 2 cm und mehr erhältlich ist. Wenn Sie Zugang zu einer Hobelbank haben, können Sie Abhilfe schaffen. Andernfalls stoßen Sie auf Grenzen, wenn Sie solch dicke Bretter in ihre Miniaturentwürfe einbeziehen wollen. Ein weiterer Nachteil bei konventionellem Bauholz sind die Astknoten und andere Fehler, die den Zusammenbau kleiner Gebilde komplizieren können. Daher lohnt es sich, etwas mehr Geld auszugeben und Holz von besserer Qualität zu kaufen.

Für viele Entwürfe in diesem Buch wird Kiefernholz verwendet, aber dieses können Sie durch edleres Holz, das nicht so leicht fault, ersetzen. Zu diesen Hölzern zählen Zeder, Rotholz, Zypresse und verschiedene Tropenhölzer wie Banak (ein Muskatholz). Einheimische Hölzer sind Eibe, Scheinakazie, Obstbaumhölzer und andere. Zedernholz ist überall erhältlich und preiswert, aber sein Duft kann einige Vögel, beispielsweise Meisen, davon abhalten, in einem Haus aus diesem Holz zu nisten. Rotholz läßt sich gut verarbeiten, aber es ist mindestens doppelt so teuer wie Zedernholz. Wenn Sie verschiedene Holzsorten zusammen verwenden wollen, müssen Sie bedenken, daß die Stärken je nach Art leicht unterschiedlich sind, was akkurates Arbeiten erschweren kann.

Obwohl druckimprägniertes Holz Fäulnis widersteht, sollte es außer für Pfosten nicht verwendet werden. Das Chrom-Kupferarsenat, mit dem es behandelt wird, sollte mit Futter und winzigen Nestlingen nicht in Berührung kommen.

Sperrholz bietet mehrere praktische Vorteile. Es ist stark, verzieht sich kaum, ist preiswert und in vielen Stärken erhältlich. Von den vielen Sorten sind für Vogelhäuschen nur wasserfestes Sperrholz für den Bootsbau oder furniertes Sperrholz empfehlenswert. Die anderen sind entweder nicht wetterfest oder enthalten giftige Stoffe. Bei allen Sperrholzarten muß man darauf achten, daß offene Kanten gegen Feuchtigkeit versiegelt werden.

Sperrholz für den Bootsbau ist besser, weil die Lagen mit wasserfestem Kunstharz verpreßt sind. Sperrholz, das wetterfest ist, wird mit Ziffern gekennzeichnet, die die Qualität von Vorder- und Rückseite anzeigen. Für Vogelhäuser sollten Sie die Qualitäten 1/2 oder 2/3 verwenden, wobei die bessere Seite nach außen zeigen sollte. Furniertes Sperrholz, das man nicht mit furnierter Spanplatte verwechseln sollte, gibt es nur in einer Sorte. Alle Sorten sind in einer Vielzahl von Dicken von 1,5–50 mm erhältlich.

Kunststoffe bieten einzigartige Möglichkeiten. Für röhrenförmige Futterhäuschen werden PVC- oder klare Kunststoff-Zylinder verwendet. Plexiglas ist Glas vorzuziehen, wenn es für Fenster in Silofutterhäuschen verwendet wird. Kunststoffplatten können durch Hitzeeinwirkung gebogen, mit feinzackigen Sägen geschnitten und mit Klebern und Schrauben verbunden werden, so daß dauerhafte Konstruktionen entstehen.

Kleber müssen normalerweise mit Nägeln oder Schrauben verstärkt werden. Holzleim ist nicht wasserfest, hält aber gut, wenn er unter Dächern verwendet und mit Metallverbindungen verstärkt wird. Zwei-Komponenten-Kleber sind teuer, aber bisweilen nötig, um schwierige Verbindungsstellen zusammenzuhalten, bei denen keine andere Verbindung verwendet werden kann. Durchsichtiges Silicon ist sowohl zum Versiegeln als auch zum Kleben recht effektiv. Eine Klebepistole ist ein praktisches Werkzeug für wasserdichte Versiegelungen, obwohl der Kleber eine relativ geringe Klebestärke hat.

Befestigungsmittel sollten immer korrosionsbeständig sein, und Nägel und Schrauben sollten aus verzinktem oder rostfreiem Stahl oder Messing bestehen. Scharniere, Riegel oder andere Metallteile, die offenliegen, sollten nie plattiert sein. Verwenden Sie rostfreies Metall, Aluminium oder Messing.

Ein **Anstrich** dient bei Holz eher baulichen und ästhetischen Gründen und nicht so sehr als Schutz vor Verwitterung. Unversiegeltes Holz dehnt sich aus und zieht sich zusammen, wenn es mit der Atmosphäre Feuchtigkeit austauscht, so daß die Verbindungsstellen belastet werden. Hitze wirkt sich auf diesen Prozeß ungleichmäßig aus, da nur bestimmte Bereiche der Sonne ausgesetzt sind, was die Verbindungen noch weiter belastet. Dennoch müssen derartige bauliche Überlegungen Ihre Wertschätzung für die Schönheit von verwittertem Holz nicht umstoßen, denn die kleinen Verbindungsstellen von Vogelhäusern widerstehen diesen Belastungen meistens.

Lasuren helfen, das Holz zu versiegeln und gleichzeitig zu verschönern. Zum Schluß kann man das Ganze noch klar lackieren, aber Lack und Lasur müssen zueinander passen. Alkydharzlacke haben eine Ölgrundlage, während Acryllacke eine Wassergrundlage haben, sich leichter auftragen und reinigen lassen und beständiger sind. Zu den Klarlacken gehören Polyurethan und rostlösende Öle, die etwa einmal pro Jahr neu aufgetragen werden müssen. Grundierungen und Farben für den Außenbereich sind gut geeignet, aber vermeiden Sie Farben, die Quecksilber enthalten.

Alle Lacke, die Sie verwenden, müssen alle Holzoberflächen abdecken, wenn der Kleber getrocknet ist. Achten Sie besonders auf offenliegende Endkanten, speziell bei Sperrholz. Lassen Sie alles mindestens zwei Wochen lang oder solange, bis kein Geruch mehr vorhanden ist, gründlich trocknen, bevor Sie das Haus für Vögel freigeben.

Die Projekte in diesem Buch haben den unterschiedlichsten Schwierigkeitsgrad. Einige sind kinderleicht herzustellen, während für andere einige Erfahrung mit Holzarbeiten erforderlich sind. Die Herstellung dieser kleinen Projekte ist eine wunderbare und preiswerte Möglichkeit, Talente weiterzuentwickeln. Vielleicht inspirieren sie Sie sogar zu eigenen Entwürfen.

Für viele Projekte sind nur einfache Werkzeuge nötig: Hammer, Schraubenzieher, Sägen und ein Handbohrer. Andere Werkzeuge sind für bestimmte Projekte erforderlich: Schnitzmesser, Seitenschneider, Kneifzange, Feile oder Meißel. Ein Elektrobohrer und eine Laubsäge sind ebenfalls nützlich. Elektrische Werkzeuge verbessern Effizienz und Genauigkeit, aber sie sind nicht unbedingt notwendig: Stichsäge, Lochsäge, Bandsäge, Hobel, Nuthobel usw. Eine Kreissäge ist jedoch für etwa die Hälfte der Projekte erforderlich.

Die meisten Verbindungen bei den hier vorgestellten Projekten sind Stoßverbindungen. Obwohl dies die schwächsten Verbindungen sind, reichen sie für kleine Teile aus, speziell wenn sie richtig zusammengeklebt, genagelt und mit anderen, sich kreuzenden Brettern verstärkt werden. Bei Gehrungsverbindungen stoßen zwei winklig geschnittene Kanten aufeinander, etwa bei Dachfirsten, Ecken und Zierleisten. Hier ist der Kleber ganz wichtig, da Befestigungsmittel nicht so gut halten wie bei Stoßverbindungen. Bei Gehrungsverbindungen sind jedoch alle Schnittkanten versiegelt, zudem wirken sie sauberer. Bei Nut- und Federverbindungen, die bei den hier vorgestellten Projekten jedoch nur selten eingesetzt werden, gibt es mehrere Möglichkeiten. Im allgemeinen braucht man für diese Verbindungen, die recht stark sind, wenn sie genau passen, eine Kreis-

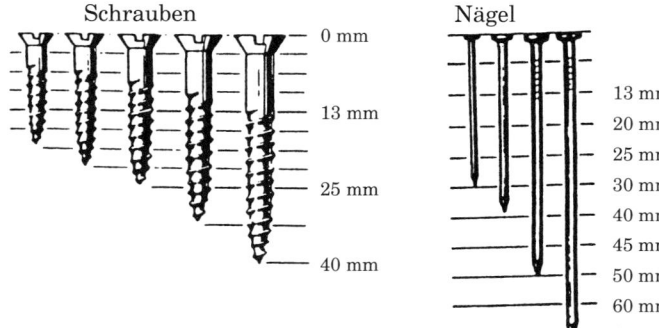

Schrauben — 0 mm — 13 mm — 25 mm — 40 mm

Nägel — 13 mm — 20 mm — 25 mm — 30 mm — 40 mm — 45 mm — 50 mm — 60 mm — 65 mm

säge. Nut- und Federverbindungen werden für bewegliche Platten sowie für die Trennwände in Schwalbenhäusern eingesetzt.

Damit Klebeverbindungen stark sind, sollten zwischen den aufeinanderstoßenden Kanten möglichst wenig Lücken vorhanden sein. Die Kanten sollten glatt und gerade sein, und die Teile müssen fest zusammengehalten werden, bis der Kleber trocken ist. Eine gute Klebetechnik ist besonders bei Sperrholz wichtig, da Befestigungsmittel in den verleimten Schichten nicht gut halten. Verwenden Sie immer viel Kleber, damit die Verbindung dauerhaft ist. Überschüssiger Kleber kann

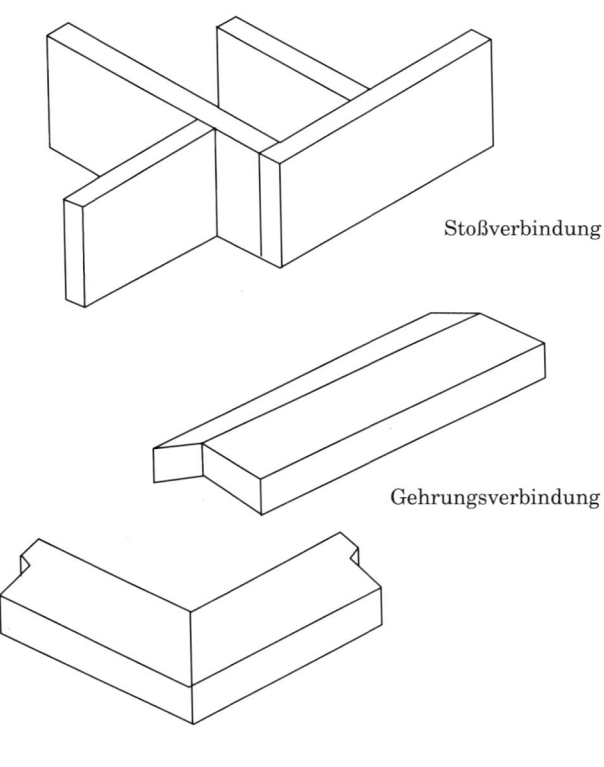

Stoßverbindung

Gehrungsverbindung

Nut und Feder

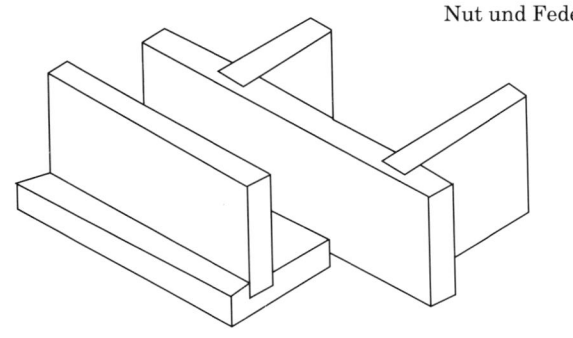

nach dem Klemmen weggewischt werden, es sei denn, daß Sie eine Lasur oder einen Klarlack verwenden oder das Holz nicht weiter bearbeiten wollen. In diesem Fall tragen Sie gerade genug Kleber auf die Klebekante auf und achten darauf, daß nichts an den Seiten herabtropft. Überschüssigen Kleber entfernen Sie nach dem Trocknen mit einem Messer oder Sandpapier.

Schrauben halten besser als Nägel. Dies trifft jedoch nicht zu, wenn sie in Endkanten geschraubt werden. Bei den Endkanten von Sperrholz sind sie fast nutzlos. Wenn das Holz nicht gerade sehr weich und die Schrauben sehr dünn sind, sollten die Löcher etwas kleiner als der Schraubendurchmesser vorgebohrt werden. Sie können auch korrosionsbeständige Nägel mit Gewinde verwenden, aber diese sind nur für dauerhafte Verbindungen geeignet.

Um kleine Fluglöcher in Massivholz zu bohren, kann man einen Elektrobohrer mit einem Zentrumsbohrer verwenden. Eine Lochsäge ist gut für größere Löcher und für Sperrholz geeignet. Wenn Sie keine Lochsäge haben, können Sie auch eine Laubsäge verwenden. Eine Laub- oder Stichsäge ist auch zum Ausschneiden von quadratischen Ausschnitten oder wellenförmigen Verzierungen geeignet. Verwenden Sie feinzackige Sägeblätter, und schneiden Sie so, daß die nichtsplitternde Seite oben liegt.

Wenn Sie Wände mit einem Boden verbinden, auf dem sich Wasser sammeln könnte, schneiden Sie die Wandseiten so, daß die Maserung parallel zum Boden verläuft. Die Maserung der Endkanten trifft dann an den Ecken senkrecht aufeinander, statt auf den Boden zu stoßen, wo das Wasser aufsteigen kann, was ein Faulen des Holzes zur Folge hätte.

Wichtiger Hinweis: Benutzen Sie alle Elektrogeräte mit Vorsicht. Machen Sie sich besonders bei der Arbeit mit elektrischen Sägen mit den entsprechenden Sicherheitstechniken vertraut. Tragen Sie beim Schneiden oder Schleifen immer eine Schutzbrille und einen Mundschutz. Lüften Sie den Arbeitsraum gründlich.

Eine vielseitige Mischung

Weiße Vogelhirse

Sonnenblumenkerne

Feingehackter Mais

Enthülste, rohe
Sonnenblumenkerne

Rohe Erdnüsse

Distelsamen

Talg

Obststücke

Hanfsamen

FRESSGEWOHNHEITEN

Vögel haben aufgrund ihres starken Stoffwechsels ein hohes Energiebedürfnis. Dies trifft besonders auf die kleineren Arten zu. Um zu überleben, müssen sie jeden Tag eine Futtermenge zu sich nehmen, die 40 bis 75 Prozent ihres Körpergewichts entspricht. Der Mensch kann bei der Ergänzung der Vogeldiät, speziell bei schlechten Wetterverhältnissen, eine wichtige Rolle spielen.

Am besten beginnt man im Frühherbst, die Vögel zu füttern. Bestimmte Vögel wie Meisen und Juncos lassen sich sogar für den Winter an guten Futterstellen nieder. Da viele Vögel sich schließlich darauf verlassen, daß Sie sie mit Futter versorgen, ist es wichtig, den ganzen Winter über regelmäßig zu füttern. Wenn Sie für einige Zeit wegfahren, sollten Sie die Futtermenge langsam reduzieren oder einen Nachbarn bitten, an Ihrer Stelle das Futter auszustreuen. Im Frühjahr liegt es an Ihnen, ob Sie weiterfüttern wollen, denn jetzt sind die natürlichen Nahrungsquellen wieder in großen Mengen vorhanden. Die Gefahr, daß Vögel diese Nahrungsquellen aufgeben, nur weil sie regelmäßig Ihr Futterhäuschen aufsuchen, besteht nicht. Die Versorgung mit Wasser ist das ganze Jahr über eine gute Sache, aber am wichtigsten bei sehr kaltem Wetter.

Sie können nicht viel tun, um rüpelhafte Stare und Spatzengangs auszuschließen, wenn sie die hübscheren Singvögel bevorzugen. Die beste Lösung besteht daher darin, allen etwas anzubieten. Stellen Sie verschiedene Futterhäuschen auf, die einen gewissen Abstand zueinander haben und jeweils ein anderes Menü enthalten. Füllen Sie die Futterhäuschen früh morgens, um kleine Vögel wie Meisen anzuziehen, da Stare und Eichelhäher später am Tag fressen. Ein Bodenfutterhaus, das mit preiswertem, gehacktem Mais, gemischten Samen oder Küchenabfällen gefüllt ist, wird viele größere Vögel von dem teureren Futter in den höher angebrachten Futterhäuschen fernhalten.

Samen sind als Futter am populärsten. Obwohl Vögel verschiedenste Spezial-Samenmischungen gerne fressen, sind Sonnenblumenkerne die Lieblingsspeise der meisten Vögel. Vielleicht wohnen Sie in einer Gegend, in der Sie selbst Sonnenblumen anpflanzen können.

Nüsse sind ebenfalls beliebt. Fast alle Arten werden von Vögeln gefressen, aber ungesalzene Erdnüsse sind am besten. Sie können in der Schale aufgefädelt, mit anderen Nüssen für Meisenknödel gemischt oder fast überall ausgestreut werden. Kleiber, Meisen und Spechte lieben dieses Futter und kommen dafür direkt vor Ihr Fenster.

Talg ist das harte Fett aus den Nieren und Lenden von Rind oder Lamm. Während der kalten Monate lieben Vögel es ohne weitere Zutaten. Im Sommer kann man es zu »Vogelkuchen« verarbeiten. Zerlassen Sie kleine Stücke in der Pfanne, und gießen Sie den Talg über Samen, Nüsse, Trockenobst oder anderes Vogelfutter, und lassen Sie es abkühlen. Insektenfressende Vögel fressen Talg im Winter, wenn Insekten rar sind.

Frühstücksflocken und Getreideprodukte sind geeignet, wenn sie für kleine Schnäbel eingeweicht oder zerbröselt wurden. Hafer, Brot, Kuchen, Plätzchen, Gebäck, Cornflakes und ähnliches können an Vögel verfüttert werden.

Obst und Gemüse wie getrocknete Erbsen und Linsen können ebenfalls serviert werden. Trockenobst wie Rosinen und Sultaninen sind bei vielen Vogelarten beliebt. Um noch größere Gaumenfreuden zu bereiten, können Sie einen Spieß aus Apfel-, Orangen- und anderen Obststücken zusammenstellen.

Tierprodukte wie kleine Fleischstückchen, Knochen und Käse können zusammen mit anderen Küchenabfällen ebenfalls als Vogelfutter dienen. Die Möglichkeiten, die Vogeldiät zu ergänzen, sind fast endlos.
Wenn Sie sich für Samen entscheiden, sollten Sie große Mengen einkaufen, und das Futter in sauberen, trockenen Behältern mit Deckel aufbewahren. Füllen Sie das Futterhäuschen mit Hilfe einer kleinen Schaufel, oder verwenden Sie dazu einen Kunststoffbecher. Reinigen Sie das Futterhäuschen hin und wieder mit heißem Wasser und einem milden Reinigungsmittel. Entfernen Sie alte Essensreste, die verfaulen und Ratten anziehen können, damit keine Infektionen und Krankheiten verbreitet werden.

FUTTER FÜR DAS FUTTERHÄUSCHEN

Grobe Samen: Meisen, Kleiber, Goldammer, Grün-, Buch-, Bergfink, Gimpel

Getreide: Sperlinge (Haus-, Feldsperling), Türkentaube

Fein gehackter Mais: Eichelhäher, Kernbeißer, Sperlinge (Feldsperling, Haussperling)

Sonnenblumenkerne: Kleiber, Meisen (Kohl-, Blau- und Sumpfmeise), Kernbeißer, Finken (Grün-, Buch-, Bergfink), Sperlinge (Feldsperling, Haussperling)

Enthülste, rohe Sonnenblumenkerne: Türkentaube, Haussperling

Feine Samen: Stieglitz, Zeisig, Hänfling, Buch-, Berg-, Grünfink, Gimpel, Meisen, Kleiber, Goldammer, Sperlinge, Heckenbraunelle

Rohe Erdnüsse: Eichelhäher, Meisen (Kohl-, Blau-, Sumpfmeise), Finken (Grünfink, Buchfink, Bergfink), Star, Kernbeißer, Kleiber, Sperlinge (Feldsperling, Haussperling), Amsel

Talg: Rotdrossel, Amsel, Wacholderdrossel, Krähe, Meisen (Kohlmeise, Blaumeise, Sumpfmeise), Buntspecht, Dohle, Kleiber, Zaunkönig, Baumläufer

Obststücke: Amsel, Wacholderdrossel, Rotdrossel, Star, Heckenbraunelle, Rotkehlchen, Eichelhäher

Hanfsamen: Finken (Buchfink, Bergfink, Grünfink), Gimpel, Meisen, Kleiber.

NATÜRLICHE NAHRUNG

Mandarinente: Samen, Früchte, Nüsse, Wasserpflanzen

Turmfalke: Wühlmäuse, andere kleine Säugetiere, Vögel

Wachtel: Samen, Knospen, Insekten, Würmer, Schnecken

Tauben: Grassamen, anderen Samen und Getreidekörner, grüne Pflanzenteile

Schleiereule: kleine Nagetiere

Waldkauz: Mäuse, Vögel, Frösche

Steinkauz: Würmer, Mäuse, kleine Vögel, Reptilien, große Insekten

Buntspecht: im Holz lebende Insekten, Nüsse, Nadelbaumsamen

Heckenbraunelle: Insekten, Spinnen, feine Samen

Haus-, Gartenrotschwanz: Insekten, Spinnen

Grauschnäpper: fliegende Insekten

Rauch-, Mehlschwalbe: fliegende Insekten

Gartenbaumläufer: Insekten, Spinnen

Bachstelze: Insekten, Flohkrebse, kleine Fischchen

Eichelhäher: Eicheln, Bucheckern, Nüsse, Insekten, Vogeleier, Nestlinge, Mäuse

Elster: Insekten, Samen, Beeren, Eier, Mäuse, Aas

Krähen: Würmer, Insekten, Mäuse, Obst, Samen, Abfälle, Aas

Kohlmeise: Insekten, auch Samen und Beeren

Blau-, Sumpfmeise: Hauptsächlich Insekten, Samen und Beeren

Star: Insekten, Würmer, Schnecken, Obst (Weintrauben)

Drossel: Insekten, wirbellose Tiere, Beeren, Samen

Kleiber: Insekten, Spinnen, Nüsse, Samen, Beeren

Zaunkönig: Insekten, Spinnen

Gimpel: Samen, Beeren, Knospen, Insekten

Rotkehlchen: Regenwürmer, Raupen, Larven, Insekten, Spinnen, Beeren, Obst, Samen

Seidenschwanz: Beeren, Insekten

Grasmücken: Insekten, Spinnen, Beeren

Goldammer: Insekten, Samen, grüne Pflanzenteile

Kernbeißer: Insekten, Laubbaumsamen, Beeren, Kirschkerne

Finken: Samen, Insekten

Pirole: Insekten, Würmer, Eier und Jungvögel

Feldlerche: Insekten, Raupen, Gras- und Unkrautsamen

Amsel: Insekten, Samen, Beeren

Sperlinge: Insekten, Samen, Knospen, Beeren, Obst

Zeisig: feine Samen und einige Insekten

»*Jeder braucht ein Heim*« (Serie) von
Don Bundrick

»Vögel in der Nachbarschaft«
von Don Bundrick

GALERIE

Drei *Vogelhäuser* von Marshall Fall

*»**Vogelhäuser in Kreuzform**« (Serie) von Charles Ratliff

Drei »*Kürbishäuser*« von Harold Hall

Gegenüberliegende Seite: »*Leuchtturm*« von
Fox Watson und den Schülern des Juvenile
Evaluation Center, Swannanoa, NC

»Rotdrossel-Haus«
von Paul Sumner

Drei **»Kleiberhäuser«** von Paul Sumner

Vogelhäuser von Susan Starr

GALERIE

»Stehendes Vogelhaus« von Bryant Holsenbeck

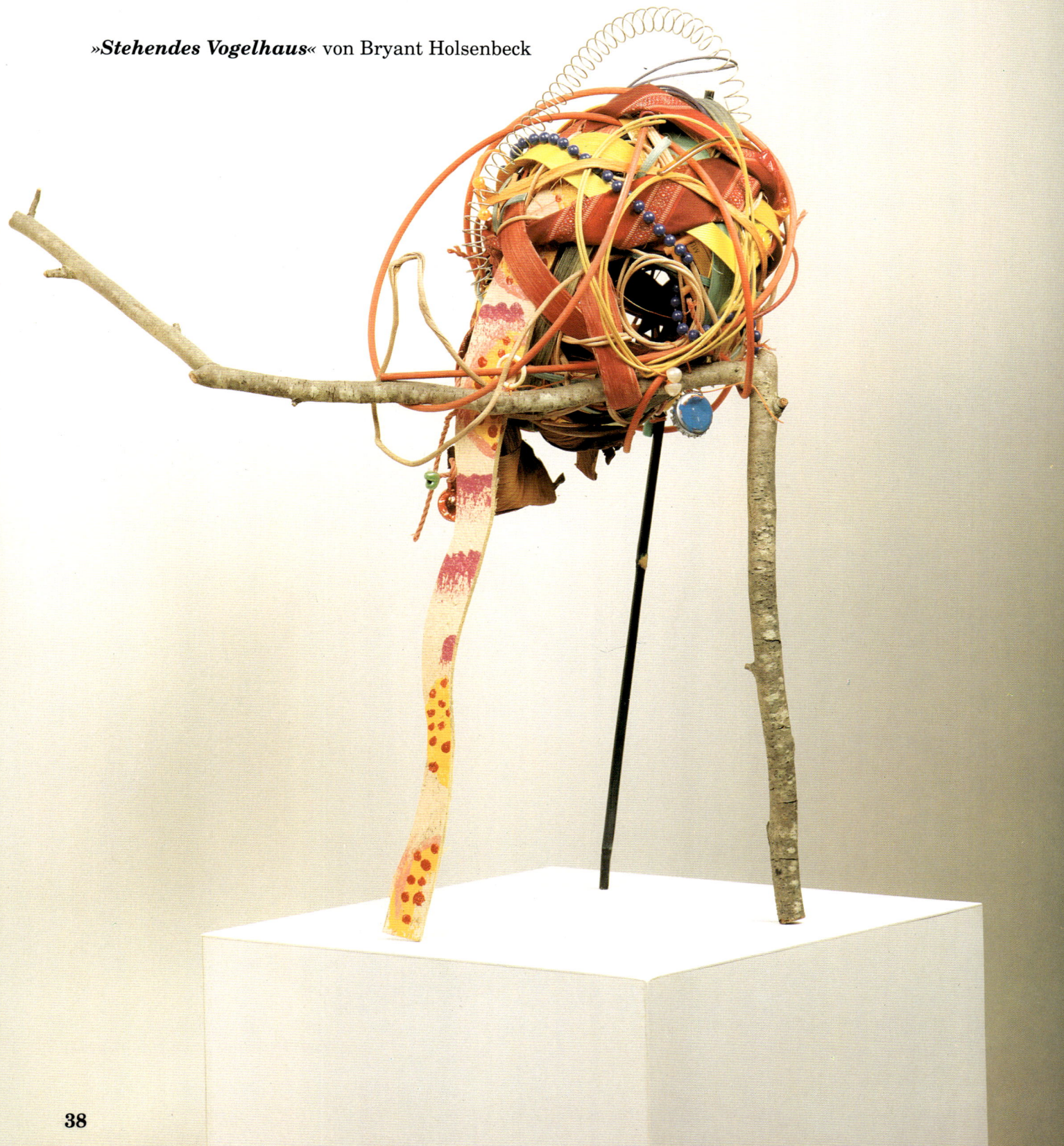

*»**Zeltdach-Vogelhaus**«* (Vorder- und
Rückansicht) von Bobby Hansson

Vogelhäuser von Barry Leader

Vogeltränken von Debra Fritts
(Fotos von Sue Ann Kuhn-Smith)

»*Wenn diese Spottdrossel nicht singt*«
(links und Detail) und »*Die Natur tritt ab*«
(Mitte) von Mana D.C. Hewitt

»Geschlossene Türen« (offen und geschlossen)
von Mana D.C. Hewitt

»Globale Sicht«
(offen und geschlossen)
von Mana D.C. Hewitt

»Eisenverkleidetes Turmschiff«
von Randy Sewell

»Anglerhütte aus Dachpappe«
von Randy Sewell

»Oase« von Randy Sewell

»Radio World«
von Randy Sewell

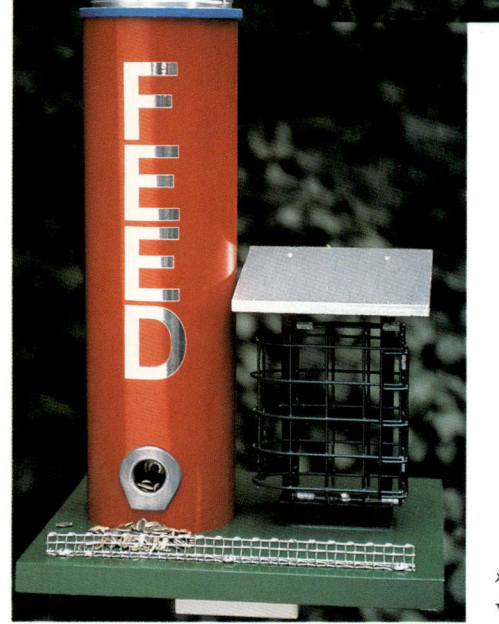

»Silo-Futterhaus«
von Randy Sewell

»Java Jive«
von Randy Sewell

»Lewis' Reptile Farm«
von Randy Sewell

47

GALERIE

»Futterhaus & Tränke für die Wand« von Carol Costenbader

»Chaotisches Milieu« von David Renfroe

»Sonnenblumen-Vogelhaus«
von West Olive Folk Art

»Ländliches Futterhaus«
von Bruce Malicoat

49

FUTTERHÄUSER

FUTTERHAUS MIT ZELTDACH AUS ÄSTEN

Was könnte einfacher sein als ein Zeltdach über einer Futterplattform. Sie können verschiedene Materialien und Konstruktionsmöglichkeiten wählen, aber alles ist leicht erhältlich und einfach zusammenzubauen. Ein guter Anfang, um Vögel zu füttern und sie zu beobachten.

FUTTERHAUS MIT ZWEIGMOSAIK

Wenn Sie einmal den Dreh heraushaben und Zweige aufspalten können, sind die Möglichkeiten für Mosaikornamente endlos. Dieses Futterhaus für die Wandbefestigung ist für Eichhörnchen und Mäuse schwer zugänglich, läßt sich jedoch leicht füllen und zieht alle möglichen Vogelarten an.

Futterhaus mit Zeltdach aus Ästen

Material

1 Stück Kiefernplatte, 2,5 x 30 x 30 cm
2 Äste von 3,5 cm Durchmesser, 30 cm lang
1 oder 2 V-förmige Zweige, 40 cm lang
1 Ast von 2,5 cm Durchmesser, 22,5 cm lang
3-4 Kaffeedosen
1 Bund Besenhirse
6 Holzschrauben, 45 mm lang
  Schnur
  Kleber
  und verschiedene Nägel

Schritt eins Sie können einen V-förmigen Ast halb durchsägen oder zwei Äste in derselben Größe für den Dachrahmen verwenden. Die Äste werden auf die Grundplatte geklebt und von unten verschraubt. Der 22,5 cm lange Ast wird zwischen den beiden Spitzen als Dachfirst eingeklebt und verschraubt.

Schritt zwei Halbieren Sie die beiden 30 cm langen Äste der Länge nach. Kleben und nageln Sie sie dann an die Kanten der Grundplatte, so daß ein hochstehender Rand für das Futtertablett entsteht.

Schritt drei Die Kaffeedosen werden aufgeschnitten und geglättet. Nageln Sie sie so auf den Dachrahmen, daß sie sich am First überlappen. Damit das Ganze natürlicher wirkt, befestigen Sie die Besenhirse mit Schnur auf diesen Blechstücken. Die Hirse kann ausgetauscht werden, wenn die Vögel die Samen gefressen haben. Befestigen Sie das Futterhäuschen auf einem Pfosten.

Futterhaus mit Zweigmosaik

Material

2 Stück Kiefernplatte, 2 x 30 x 30 cm
1 Stück Kiefernplatte, 2 x 20 x 25 cm
2 V-förmige Äste, 25 cm lang
1 Ast von 2,5 cm Durchmesser, 23 cm lang
1 Ast von 3 cm Durchmesser, 30 cm lang
1 Ast von 2,5 cm Durchmesser, 30 cm lang
1 Ast von 3 cm Durchmesser, 20 cm lang
  verschiedene Zweige von 0,5 bis 1 cm
  Durchmesser
1 Saftdose
1 langes Band
2 Winkeleisen aus Stahl, 10 cm lang
6 Holzschrauben, 45 mm lang
  Kleber und verschiedene Nägel

Schritt eins Die 20 x 25 cm große Grundplatte und die V-förmigen Träger werden wie beim vorhergehenden Projekt miteinander verbunden. Der 23 cm lange Ast wird zwischen die Spitzen der Träger geschraubt. Der 20 cm lange Ast wird der Länge nach halbiert und an die Seiten der Grundplatte geklebt und genagelt. Der 30 cm lange Ast von 3 cm Durchmesser wird ebenfalls der Länge nach halbiert. Eine Hälfte wird an der Vorderkante der Grundplatte befestigt, so daß der Rand fertiggestellt ist.

Schritt zwei Der Deckel der Saftdose wird oben entfernt, während am unteren Ende des Zylinders mit einem Dosenöffner Löcher hineingebohrt werden, so daß das Futter herausfallen kann. Die Dose wird in die Mitte der Grundplatte geschraubt. Diese Konstruktion wird jetzt am unteren Rand einer der 30 x 30 cm großen Platten mit Kleber und Nägeln befestigt und mit den beiden Winkeleisen verstärkt.

Schritt drei Die andere Hälfte des 30 cm langen Astes von 3 cm Durchmesser wird an die Vorderkante des Daches geklebt und genagelt. Für die Seitenkanten wird der 30 cm lange, 2,5 cm starke Ast der Länge nach halbiert. Malen Sie ein Muster auf die Dachplatte auf. Für das Mosaik spalten Sie die kleinen Zweige mit einem Jagdmesser und einem Holzhammer. Die dünnsten Zweige können ganz bleiben. Zweige, die gebogen werden müssen, werden zuerst gekocht. Schneiden Sie alle Zweige auf die passende Länge zu, bohren Sie die Löcher vor, und nageln Sie sie entsprechend dem Muster auf. Das Dach wird mit dem Band an der Rückwand befestigt.

FUTTERHAUS MIT RINDENDACH

Dieses klassische Design wurde mit einer Waldmischung aus Zweigen, Moos und Flechten verschönert. Es ist ein höchst funktionales Futterhaus, das flugfreudige Vögel anlockt und leicht herzustellen ist.

Material

1 Stück Kiefernplatte, 2 x 12,5 x 18 cm
1 Stück Rindenplatte, 16,5 x 27 cm
2 Äste von 3 cm Durchmesser, 12,5 cm lang
2 Rindenplatten, 5 x 28 cm
2 Rindenplatten, 5 x 12,5 cm
4 Holzschrauben, 40 mm lang
1 Ringschraube
  Kleber und verschiedene Nägel

Schritt eins Kleben und nageln Sie die beiden 5 x 12,5 cm großen Platten an die 12,5 cm langen Kanten der Grundplatte, so daß sie unten bündig abschließen. Kleben und nageln Sie die beiden 5 x 28 cm großen Platten an die langen Kanten der Grundplatte. Damit ist das Futtertablett fertig.

Schritt zwei Kleben Sie die beiden 12,5 cm langen Äste an die beiden Enden der Grundplatte, und verstärken Sie die Konstruktion von unten mit Schrauben. Kleben Sie die Dachplatte auf die Pfosten, und verschrauben Sie sie von oben. Befestigen Sie die Ringschraube in der Mitte.

Schritt drei Befestigen Sie die Waldmischung mit durchsichtigem Silicon.

FUTTERHAUS MIT STROHDACH

Dies ist eine weitere Variation für ein Haus aus natürlichen Materialien. Das Futterhaus sitzt auf einem Pfosten, hat ein mit Stroh gedecktes Dach, ein Flechtgeländer und Flechtwerk unter dem Dach.

Material

1 Holzscheit, 20 x 40 cm
4 gegabelte Äste von 1,5 cm Durchmesser, 30 cm lang
  Viele verschiedene Zweige
3 Äste von 2,5 cm Durchmesser, 43 cm lang
1 Bund Stroh
  Bindedraht
  Kleber

Schritt eins Schälen Sie 2,5 cm Rinde vom nicht gegabelten Ende der Äste ab. Für diese vier Eckpfosten bohren Sie 15 mm tiefe Löcher schräg etwa 12,5 und 25 cm voneinander entfernt in den Holzscheit. Kleben Sie die Pfosten ein, und drehen Sie das gegabelte Ende so, daß es den Dachstuhl aufnehmen kann.

Schritt zwei Befestigen Sie oben vier Aststücke mit Draht an den gegabelten Pfosten. Die kleineren Endteile sollten V-förmig sein, um eine Dachspitze zu bilden. Befestigen Sie kleinere V-förmige Querbalken an den längeren Seitenstücken mit Blumendraht. Führen Sie die kleineren Zweige der Länge nach durch diese Querbalken, so daß ein spitzer Dachstuhl entsteht.

Schritt drei Kleben Sie Zweige von 1 cm Durchmesser und 27 cm Länge in vorgebohrte Löcher als oberes und unteres Geländer in die Eckpfosten ein. Befestigen Sie einige aufrechte Stäbe mit Draht, und führen Sie kleinere Zweige so hindurch, daß ein Gittergeflecht entsteht. Die aufrechten Stäbe können auch vorgebohrt und in das Geländer geklebt werden.

Schritt vier Die Stroheindeckung wird an dem Flechtwerk des Daches mit Draht befestigt. Lackieren Sie sie äußerst gründlich, damit sie länger hält. Achten Sie darauf, daß der Lack erst getrocknet ist, bevor Sie weiterarbeiten. Spalten Sie nun die 43 cm langen Äste, die mit Draht an dem Strohdach befestigt werden.

Sie bilden den Dachfirst und den Dachfuß. Schmücken Sie das Haus ganz nach Wunsch mit weiteren Verstrebungen aus Zweigen.

VOGELKÄFIG

Die Zweige von Weinstöcken sind ein wunderbares Material für diesen hübschen Käfig mit Trapez. Sie werden staunen, wie viele Vögel die Schaukel ausprobieren werden, sich ihr Futter schnappen und dann wieder davonfliegen.

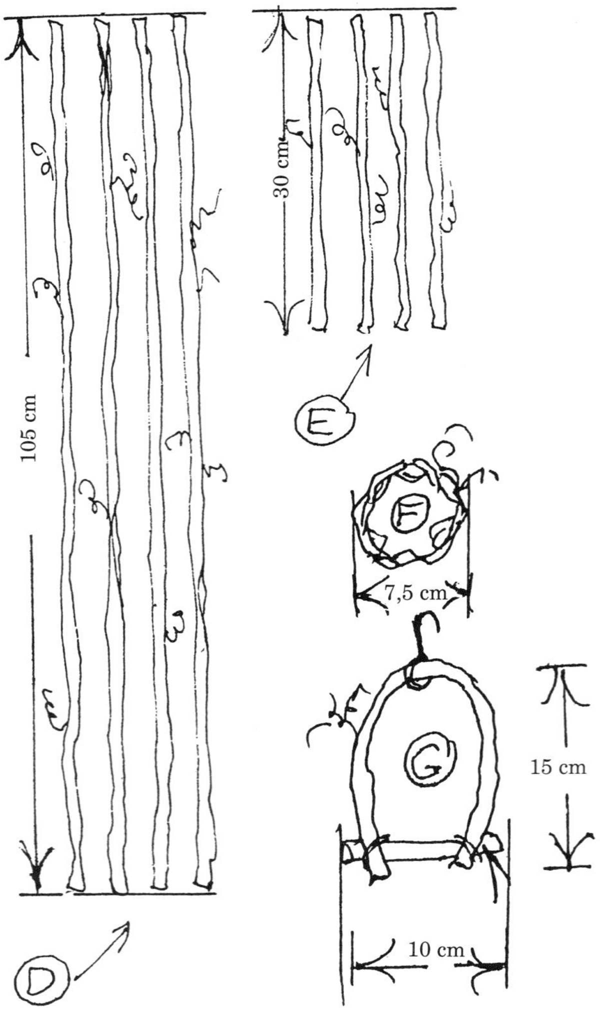

Material

1 Armvoll Zweige von einem Weinstock
1 kleine Rolle Bindedraht
1 Kunststoffschale von 20 cm Durchmesser (Unterteller eines Blumentopfes)
Seitenschneider

Anstelle von Weinstockzweigen können Sie auch Weidenzweige oder ein anderes biegsames Material verwenden. Bindedraht können Sie in den meisten Eisenwarenhandlungen oder beim Baubedarf kaufen.

Schritt eins   Biegen Sie die Zweige zu Kreisen A, B, C und F, wie es die Abbildung zeigt.

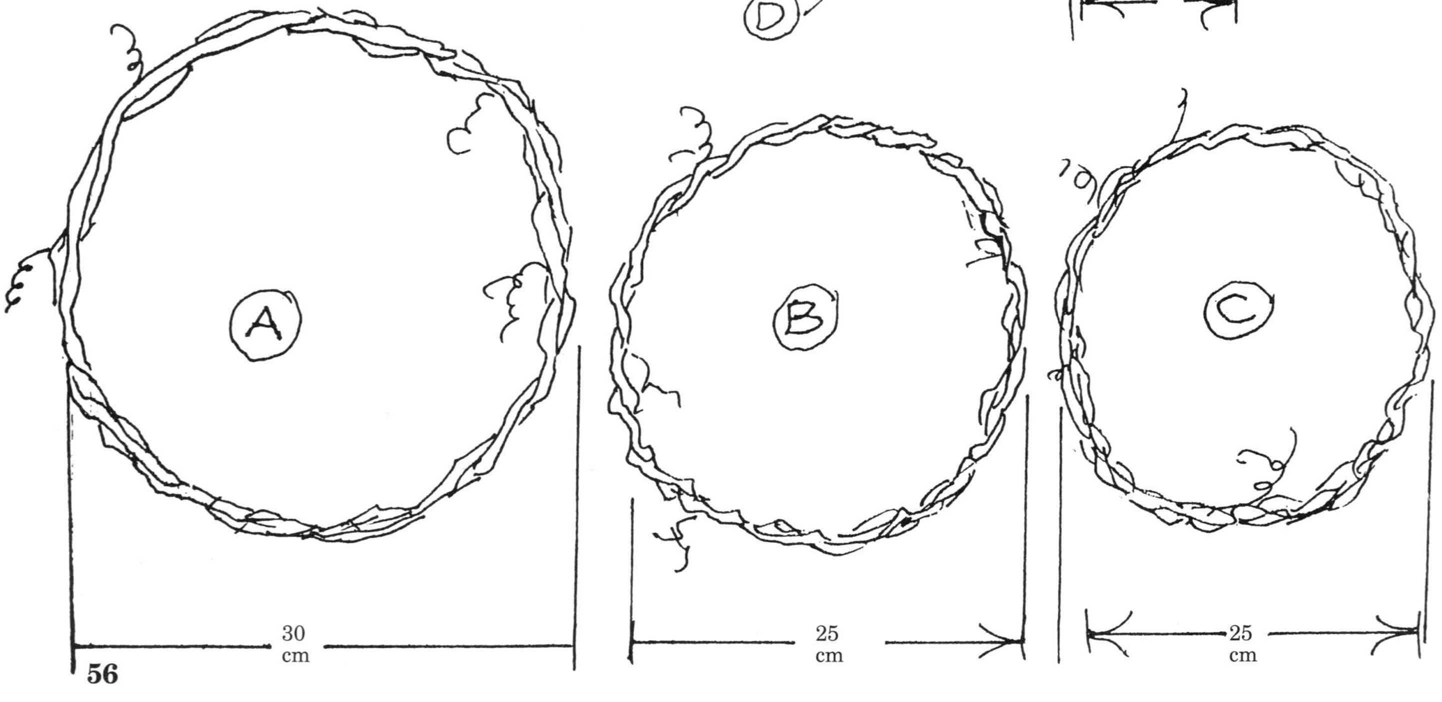

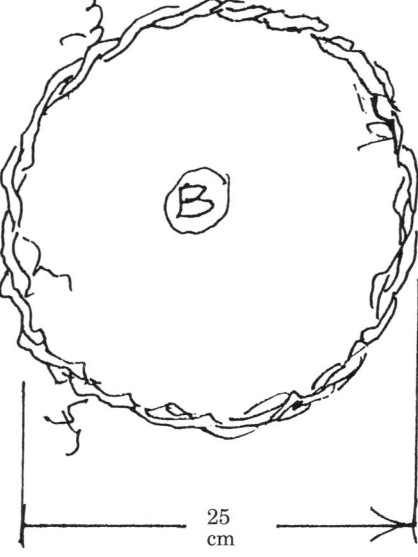

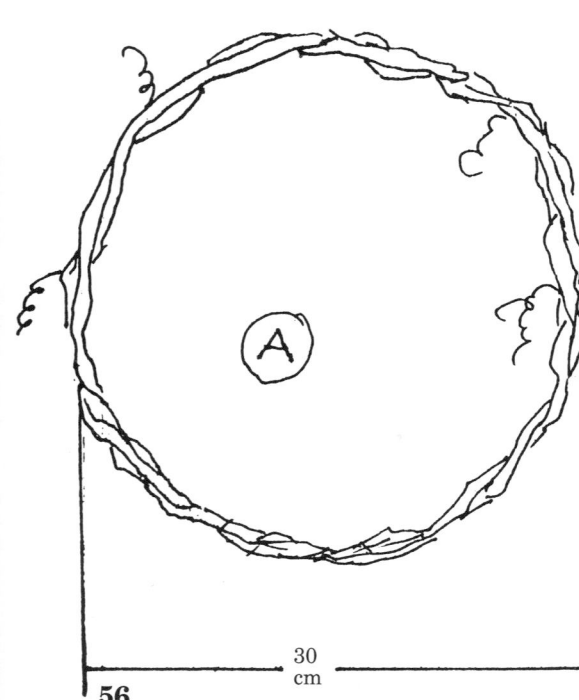

Schritt zwei

Befestigen Sie
vier Bodenstreben E
mit Draht an C.

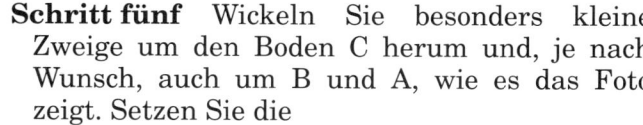

Schritt drei
Befestigen Sie Stangen D von
105 cm Länge im Innern von C an den Verbindungsstellen von C und E mit Draht.
Befestigen Sie nur
2 D-Stangen
wie abgebildet.

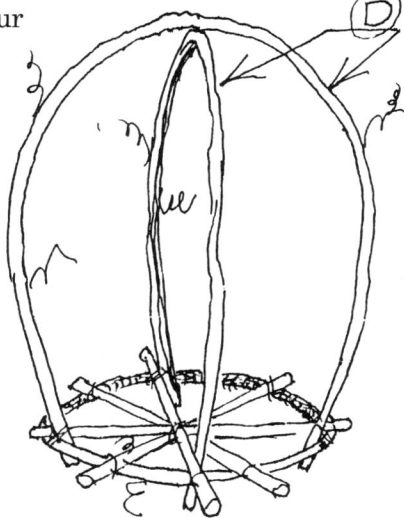

Schritt vier
Plazieren Sie B im Innern der
D-Stangen 10 cm von C entfernt, fügen Sie dann
A 28 cm vom Boden ent-
fernt ein, und befesti-
gen Sie den Ring
mit Draht.

Schritt fünf
Wickeln Sie besonders kleine
Zweige um den Boden C herum und, je nach
Wunsch, auch um B und A, wie es das Foto
zeigt. Setzen Sie die
Kunststoffschale
unten für das
Futter ein.

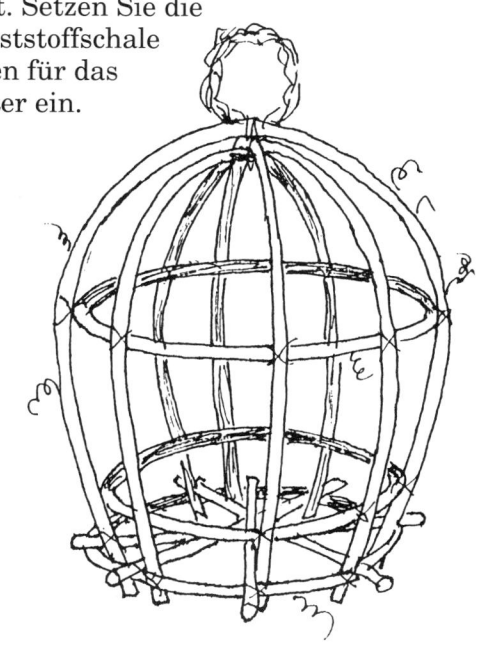

Schritt sechs
Befestigen Sie die letzten beiden
D-Stangen genau wie die ersten beiden. Befestigen Sie Ring F oben und hängen Sie die Schaukel in der Mitte auf.

TRADITIONELLES SCHRÄGDACH

Dies ist ein klassisches Futterhausdesign aus widerstandsfähigem Zedernholz in einem neuen Gewand. Die Herstellung macht Spaß, und das Dach läßt sich leicht abheben, so daß das Futter gut nachgefüllt werden kann.

Material

2 Stück Zedernholz, 2 x 18,5 x 46,5 cm
2 Stück Zedernholz, 2 x 18,5 x 44,5 cm
1 Stück Zedernholz, 2 x 18,5 x 14,5 cm
3 Stück Zedernholz, 2 x 6,5 x 11 cm
1 Stück Zedernholz, 2 x 5 x 11 cm
2 Stück Zedernholz, 2 x 2,5 x 14,5 cm
2 Stück Zedernholz, 1,5 cm x 4,5 cm x 26 cm
2 Stück Rundholz von 0,5 cm Durchmesser, 15,5 cm lang
2 Stück Plexiglas, 8,5 x 11,5 cm
1 Stück Kupferblech, 10 x 23,5 cm
2 Gummistopper
   Kleber und verschiedene Nägel

Schritt eins Schrägen Sie die 1,5 cm starken Holzstücke an den beiden oberen Ecken 45° ab. Bohren Sie unter jeder Schrägung ein 5 mm tiefes Loch von 0,5 cm Durchmesser. Kleben Sie die Rundhölzer ein, während Sie die 1,5 cm dicken Holzstücke unten mittig und bündig an die 14,5 x 18,5 cm große Grundplatte kleben.

Schritt zwei Schrägen Sie eine Kante der beiden 2 x 2,5 x 14,5 cm langen Stücke 45° ab. Kleben und nageln Sie diese Stücke an den offenen Seiten der Grundplatte auf. Jetzt ist das Futtertablett fertig.

Schritt drei Schrägen Sie die lange Kante von zwei der drei 2 x 6,5 x 11 cm großen Stücke in einem Winkel von 75° ab. Einer dieser Blöcke wird an der abnehmbaren Dachplatte befestigt. Der andere stützt die beiden speerförmigen Wände zusammen mit dem gegenüberliegenden rechtwinkligen Block knapp über dem Schlitz, der das Plexiglas aufnimmt. Schrägen Sie die beiden langen Kanten des 2 x 5 x 11 cm großen Blocks, der später auf die Grundplatte gesetzt wird, oben 45° ab.

Schritt vier Schneiden Sie die beiden speerförmigen Wände aus den 2 x 18,5 x 44,5 cm großen Holzplatten zu. Schneiden Sie eine 5 mm tiefe Rille in die beiden unteren abgeschrägten Enden der beiden Wände. Kleben und nageln Sie die Wände an die beiden Seitenblöcke und den Block auf der Grundplatte, wie es die Zeichnung zeigt. Befestigen Sie die Gummistopper an den Schrägungen des Blocks, und fügen Sie dann das Plexiglas ein. Diese Konstruktion wird jetzt in die Mitte des Futtertabletts gesetzt, eingeklebt und festgenagelt.

Schritt fünf Schrägen Sie die 2 x 18,5 x 46,5 cm großen Dachplatten jeweils an einer kurzen Seite 15° ab, so daß sie zusammen die Dachspitze bilden. Bringen Sie beide Platten in Position, entfernen Sie die feste Platte, und markieren Sie die Position des oberen abgeschrägten Blocks, der an der abnehmbaren Platte befestigt werden soll. Kleben und nageln Sie diesen Block fest.

Schritt sechs Bringen Sie beide Platten wieder in Position, und befestigen Sie die feststehende Platte mit Kleber und Nägeln. Biegen Sie das Kupferblech der Länge nach halb um, und legen Sie es über die Dachspitze. Biegen Sie die Enden um, schneiden Sie sie zurecht, und falzen Sie sie um. Danach werden sie an der abnehmbaren Platte festgenagelt.

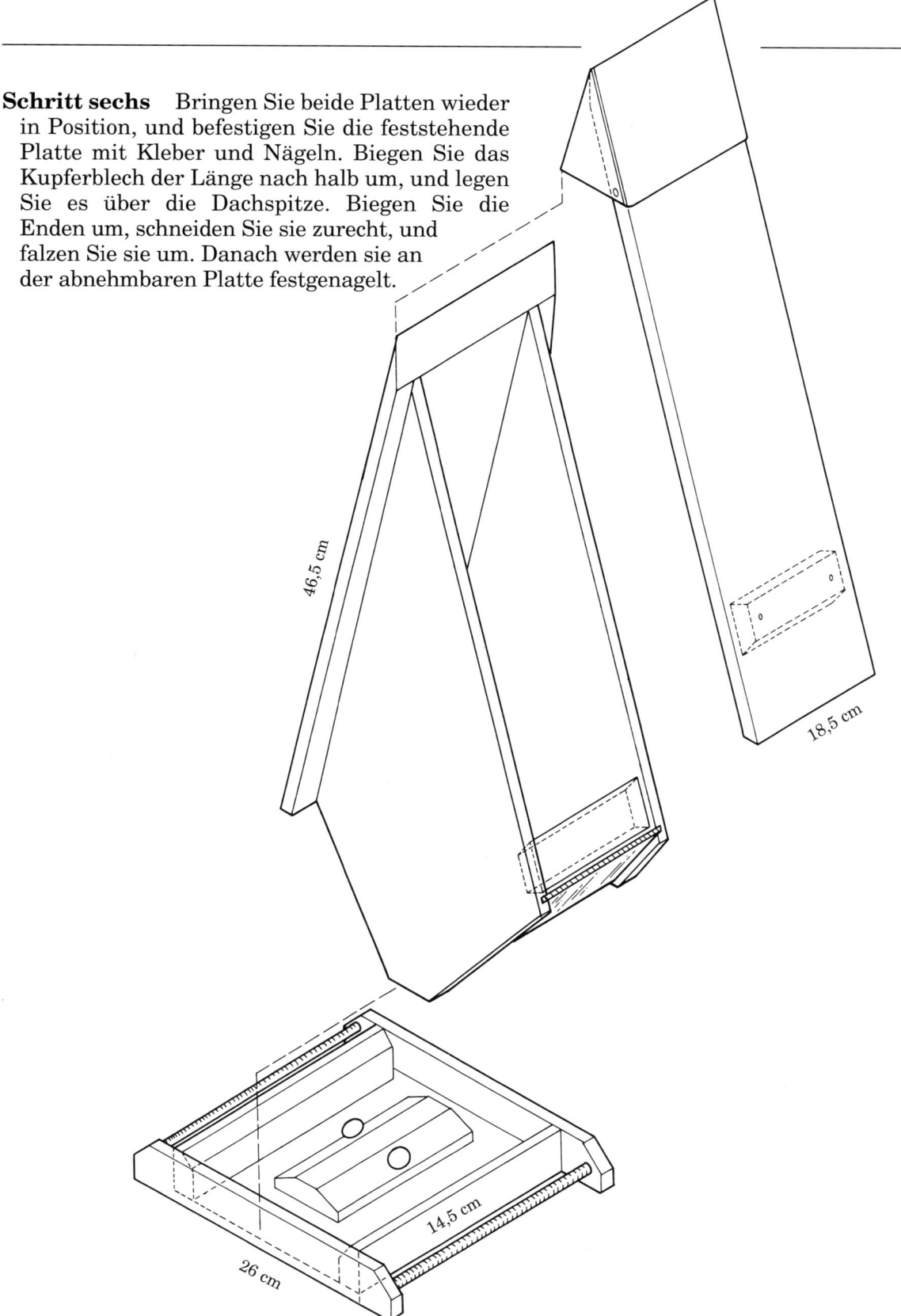

46,5 cm

18,5 cm

14,5 cm

26 cm

PYRAMIDENDACH

Dieses elegante und einfache Futterhäuschen aus Rotholz wird nicht geklebt und braucht keinerlei Befestigungsmittel. Diese Arbeit wird von der Messingkette übernommen. Hängen Sie das Häuschen auf, füllen Sie es mit Futter, und beobachten Sie die Vögel beim Fressen.

Material

3 Stück Rotholz, 2 x 24 x 28,5 cm
1 Stück Kupferblech, 30,5 x 33 cm
2 offene Schlüsselringe von
  1,5 cm Durchmesser
5 S-förmige Messinghaken, 2,5 cm lang
6 S-förmige Messinghaken, 1,5 cm lang
6 Ringschrauben aus Messing
3 Messingketten, 21,5 cm lang
3 Messingketten, 10 cm lang

Schritt eins   Schneiden Sie jeweils einen rechtwinkligen, dreieckigen Ausschnitt 4,5 cm tief in eine lange Kante der Rotholzplatten. Markieren Sie auf der gegenüberliegenden Seite in der Mitte ebenfalls einen Winkel von 90°. Schrägen Sie die Platten an den diagonalen Schnittlinien 35° nach innen ab. Bohren Sie nahe der Dachspitze mittig ein Loch von 0,5 cm Durchmesser in alle Dachplatten (Siehe Zeichnung 1).

Schritt zwei   Schneiden Sie nach Zeichnung 2 ein Dreieck mit Seitenteilen aus dem Kupferblech zu. Falten Sie die Seitenteile entlang der gepunkteten Linien um, so daß ein dreieckiges Tablett mit einem doppelten Rand entsteht. Bohren Sie Löcher von 2 mm Durchmesser in die oberen Ecken des doppelten Rands.

Schritt drei   Wenn Sie die Dachteile zusammenkleben wollen, sollten Sie das jetzt tun. Die Teile werden jedoch auch ohne Kleber zusammengehalten, wenn die Ketten befestigt sind.

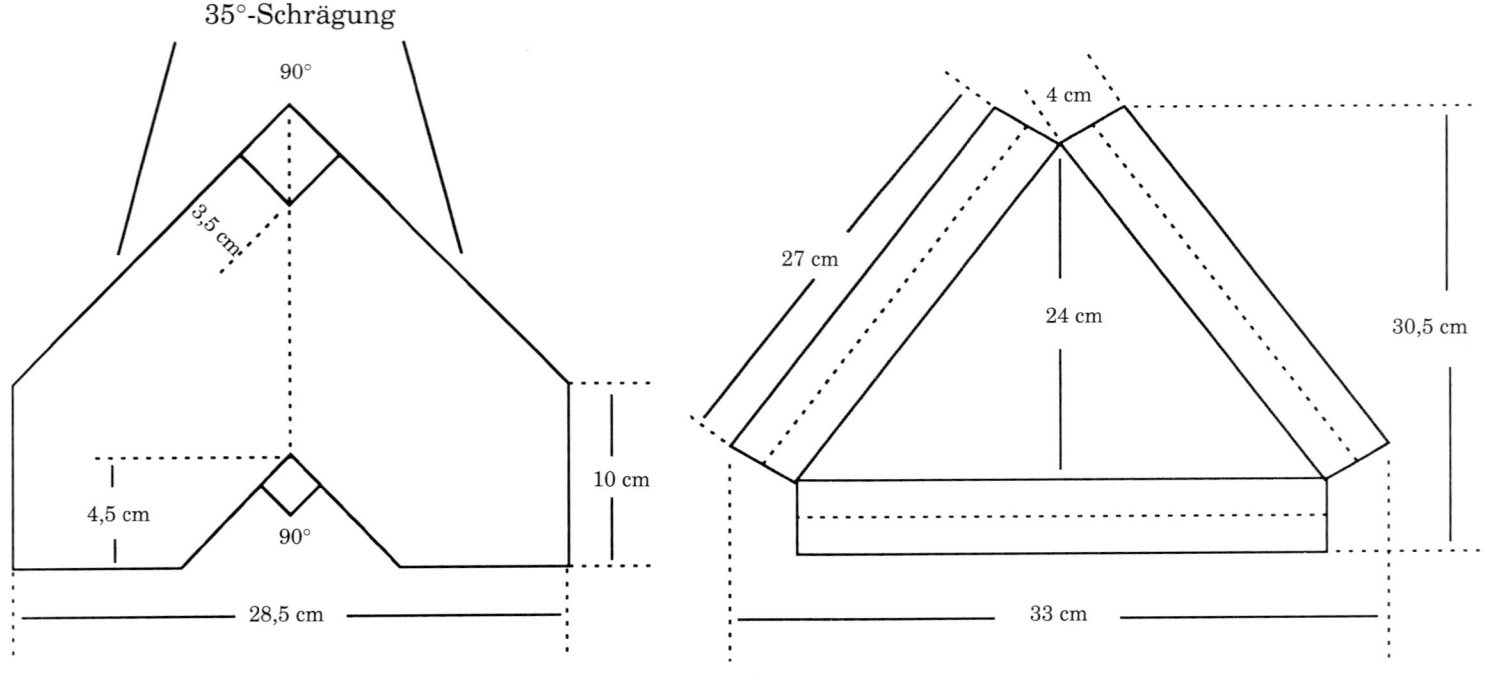

Zeichnung 1   Zeichnung 2

Schritt vier Auf der Innenseite der Dachteile bohren Sie Löcher vor und befestigen in 1,5 cm Abstand zu allen unteren Ecken Ringschrauben. Hängen Sie S-Haken von 1,5 cm Länge in alle sechs Ecklöcher des Kupfertabletts ein, und biegen Sie sie zu. Hängen Sie in jedes S-Haken-Paar einen 2,5 cm langen S-Haken, und biegen Sie ihn zu. Öffnen Sie jeweils die beiden Endglieder der 10 cm langen Ketten, hängen Sie sie in alle Ringschrauben-Paare ein, und schließen Sie die Glieder dann wieder. Hängen Sie die obere Hälfte jedes großen S-Hakens in das mittlere Kettenglied ein, und biegen Sie sie zu.

Schritt fünf Hängen Sie ein Ende aller 21,5 cm langen Ketten in einen offenen Ring ein. Führen Sie je eine Kette von unten durch die Löcher im Dach. Hängen Sie einen S-Haken in die anderen Enden der Ketten ein, und schließen Sie ihn. Befestigen Sie an diesem S-Haken einen weiteren, und hängen Sie das Häuschen an diesem oberen S-Haken auf. Führen Sie einen offenen Ring 1,5 cm oberhalb der Dachspitze durch alle Ketten, oder verbinden Sie die Kette mit einzelnen Kettengliedern (wie auf dem Foto).

GROSSZÜGIGE PAGODE

Drei Stockwerke mit verlockenden Köstlichkeiten warten hier auf unsere hungrigen gefiederten Freunde. Dieses geniale Design mit orientalischem Flair wird oben mit Futter gefüllt, das dann langsam herausfällt und alle Ebenen füllt.

Material

1 Stück Sperrholz, 2 x 43 x 43 cm
1 Stück Sperrholz, 1,5 x 31 x 31 cm
1 Stück Sperrholz, 1,5 x 18,5 x 18,5 cm
1 Stück Sperrholz, 1,5 x 9,5 x 9,5 cm
4 Stück Sperrholz, 1,5 x 18 x 33 cm
4 Stück Sperrholz, 1,5 x 15 x 23 cm
4 Stück Sperrholz, 1,5 x 15 x 11,5 cm
4 Stück Zedernholz, 0,5 x 4 x 44,5 cm
4 Stück Zedernholz, 1,5 x 12 x 45,5 cm
4 Stück Zedernholz, 1,5 x 8,5 x 31 cm
4 Stück Zedernholz, 1,5 x 8,5 x 21 cm
4 Stück Zedernholz, 1,5 x 9 x 11,5 cm
Kleber
und verschiedene Paneelstifte

Schritt eins In alle Ecken der 2 cm dicken Sperrholzplatte werden Drainagelöcher von 1,3 cm Durchmesser mittig 2,5 cm von allen Kanten entfernt gebohrt. Messen Sie 18 cm von jeder Ecke in Richtung Mitte ab, und bohren Sie vier weitere Drainagelöcher. Sie können die Löcher mit 2,5 cm großen Kreisen aus Fliegennetz abdecken, die Sie mit durchsichtigem Silicon befestigen.

Schritt zwei Schneiden Sie alle kurzen Kanten der 18 x 33 cm großen Wandstücke für die Eckverbindungen auf Gehrung. Schrägen Sie die langen Kanten aller Wände oben für die Dachverbindung 37,5° ab. Schneiden Sie entlang der nicht abgeschrägten Seite eine 13 mm breite Nut 5 mm tief 2,5 cm vom Rand entfernt ein. Mit einer Lochsäge schneiden Sie drei Löcher mit 5 cm Durchmesser mit gleichem Abstand zueinander ein. Die Mitte der Löcher befindet sich 3 cm vom unteren Ende der Wände entfernt. (Die Löcher müssen niedriger angebracht werden, als es das Foto zeigt.)

Schritt drei In jede Ecke des 31 cm großen Quadrats bohren Sie mittig 2,5 cm vom Rand entfernt Löcher von 3 cm Durchmesser und dann je ein weiteres Loch zwischen diese. In jede Ecke des 18,5 cm großen Quadrats bohren Sie mittig 2,5 cm vom Rand entfernt Löcher von 3 cm Durchmesser und dann ein fünftes Loch in die Mitte der Platte. Bohren Sie ein 7,5 cm großes Loch in die Mitte des 9,5 cm großen Bodens. Schneiden Sie die übrigen Wände genau wie die untere Etage zu. Das Zentrum der 5 cm großen Löcher befindet sich 3 cm vom unteren Rand entfernt.

Schritt vier Mit Kleber und Nägeln verbinden Sie die vier oberen Wände und fügen den 9,5 x 9,5 cm großen Boden in die Rille oben ein. Lassen Sie das Ganze trocknen, bevor Sie diese Konstruktion in die Mitte des 18,5 cm großen Quadrats kleben und festnageln. Verbinden Sie die Wände der mittleren Etage und fügen Sie die obere Konstruktion in die Rille ein. Lassen Sie alles trocknen, und kleben und nageln Sie diese Konstruktion dann in die Mitte des nächst größeren Quadrats. Fahren Sie auf diese Weise bis nach unten fort. Lackieren Sie diese Sperrholzkonstruktion gründlich, bevor Sie die Dachplatten aus Zedernholz anbringen.

Schritt fünf Markieren Sie einen Winkel von 55° an allen unteren Ecken, so daß Trapezformen entstehen. Die obersten Dachteile sind Dreiecke. Stellen Sie Ihre Kreissäge auf 52,5° ein, und schneiden Sie entlang dieser vorgezeichneten Linien. Alle Dächer werden dann an die entsprechende Stelle geklebt, wobei die oberen Kanten auf die oberen Wandschrägungen genagelt werden. Die unteren Ecken der Dächer werden schräg genagelt, um die Verbindungsstellen zu verstärken. Für haltbare Dachverbindungen können Sie anstelle von Leim durchsichtiges Silicon verwenden.

Schritt sechs Wenn Sie möchten, können Sie die 0,5 cm starke Zedernleiste abschrägen. Danach schneiden Sie die Enden auf Gehrung, bevor Sie die Leisten ankleben und festnageln. Sie bilden den Rand der unteren Bodenplatte.

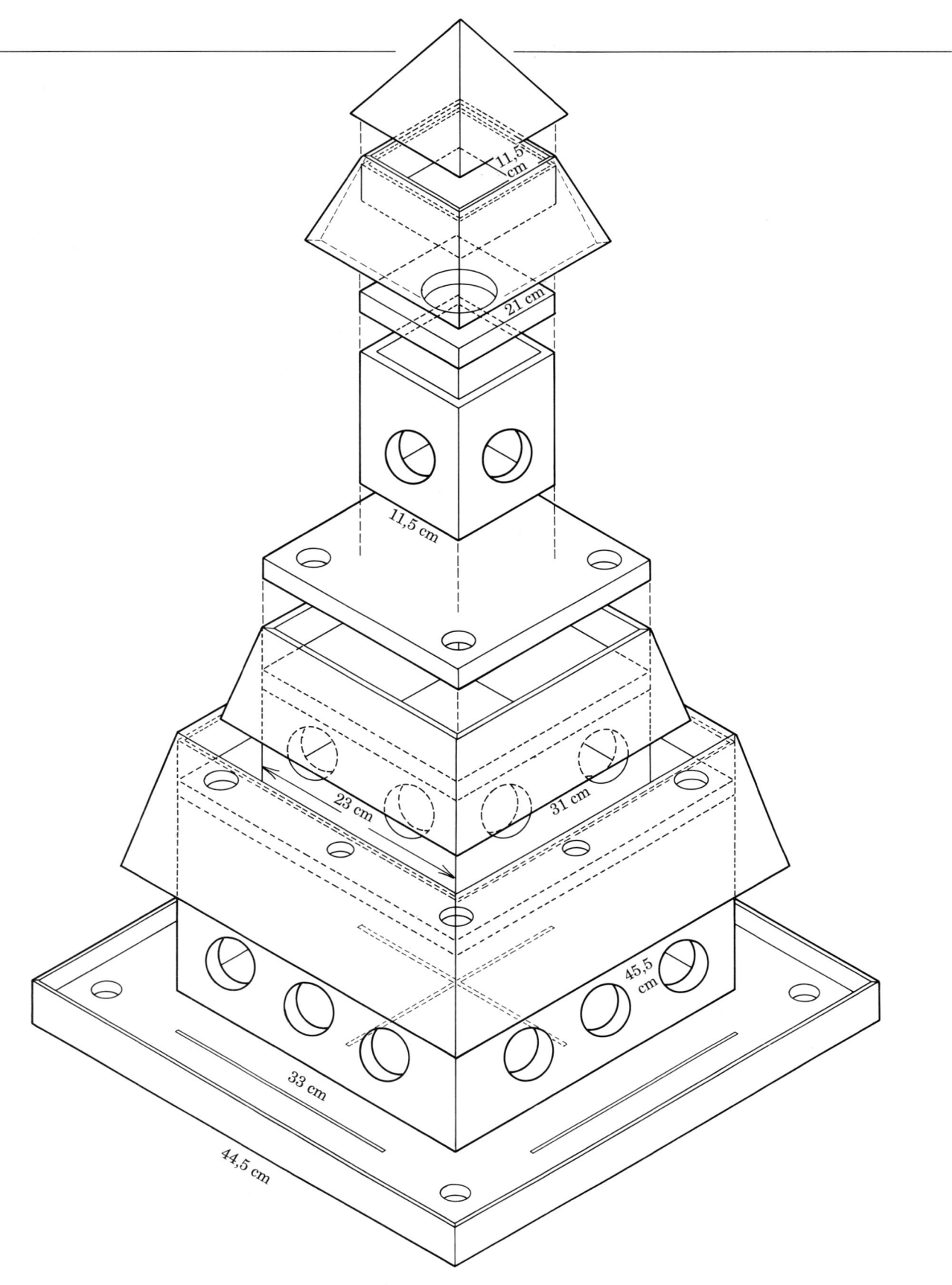

ENGLISCHES GARTENHAUS

Diese Futterstation für hungrige Vögel im Stil der Alten Welt wirkt wie ein natürlicher Landschaftsschmuck. Der sechseckige Pavillon mit dem doppelten Dach kann aus Zedernholz, Rotholz oder Kiefernholz gebaut werden, das anschließend schön verwittert.

Material

2 Stück Massivholz, 2 x 23 x 51 cm
6 Stück Massivholz, 2 x 13 x 28 cm
6 Stück Massivholz, 1,5 x 4 x 25 cm
6 Dreiecke aus 1,5 cm starkem Massivholz
   von 14 x 28,5 x 29 cm Größe
6 Dreiecke aus 1,5 cm starkem Massivholz
   von 10 x 19 x 19 cm Größe
Holzreste von 1,5 cm Stärke
Kleber
und verschiedene Nägel

Schritt eins Legen Sie die beiden Grundplatten nebeneinander hin, und markieren Sie ein Sechseck mit 25 cm langen Seiten, das die Fläche ausfüllt. Schneiden Sie die äußeren Ecken ab.

Schritt zwei Schrägen Sie die beiden langen Kanten aller sechs 13 x 28 cm großen Wände 60° ab, um die sechseckige Kammer zu konstruieren. Mit einer Stichsäge schneiden Sie die bogenförmigen Fensteröffnungen in alle Wände. Der untere Fensterrand befindet sich mittig 6 cm von der unteren Kante entfernt. Die Öffnungen sind 6 x 15 cm groß.

Schritt drei Verbinden Sie die sechs Wände mit Kleber oder durchsichtigem Silicon. Während des Trocknens halten Sie die Konstruktion mit starken Gummibändern zusammen. Nach dem Trocknen des Leims können kleine Nägel ohne Kopf eingeschlagen werden, um die Verbindungen zu verstärken.

Schritt vier Tragen Sie Kleber auf den unteren Rand der Kammer sowie auf die Verbindungsstelle der Grundplatten auf, bauen Sie das Ganze verkehrt herum zusammen, und nageln

Sie die Grundplatte von oben auf die Kammer. Dann bohren Sie Löcher vor, und schrauben zur Verstärkung Holzschrauben ein. Lassen Sie die Konstruktion trocknen.

Schritt fünf Schrägen Sie die kurzen Enden der 25 cm langen Geländerstücke auf 60° ab. Bohren Sie zur Dekoration 13 mm große Löcher in einer Reihe in die Mitte der Leisten. Tragen Sie Leim auf die aneinanderstoßenden Kanten auf, und nageln Sie sie zusammen. Wenn Sie die Konstruktion umdrehen, können Sie die Grundplatte auf das Geländer legen und das Ganze von oben zusammennageln. Schräg eingeschlagene Nägel an den Ecken verstärken die Eckverbindungen.

Schritt sechs Alle zwölf Dachteile müssen an den Seiten 52,5° abgeschrägt werden, so daß sechseckige Kegel entstehen. Fügen Sie sie zusammen, indem Sie einen großen Tropfen Kleber oder Silicon auf jede Kante geben. Dann lehnen Sie die Teile aneinander, und drücken Sie sie fest zusammen. Lassen Sie die Dachteile trocknen, und glätten Sie die Verbindungsstellen mit Schleifpapier. Der untere Rand kann nach dem Verbinden sauber zurechtgeschnitten werden. Dann werden die Dächer festgeleimt und genagelt. Vielleicht möchten Sie noch eine dekorative Spitze anbringen. In diesem Fall sollte der Stiel oben in die Dachspitze eingefügt und festgeklebt werden.

Schritt sieben Schneiden Sie die sechs bogenförmigen Fensterbänke aus den 1,5 cm dicken Holzresten aus. Sie sollten 5 x 10 cm messen. Sie werden einfach auf den unteren Fensterrand geklebt und festgenagelt.

Schritt acht Schneiden Sie die Fensterumrandungen aus 1,5 cm dicken Holzresten aus. Sie messen vor dem Zuschnitt 9 x 19 cm. Sie können die Hälfte der Umrandungen oder alle zusammen gleichzeitig zuschneiden, was davon abhängt, ob Sie eine Band-, eine Stich- oder eine Laubsäge benutzen. Befestigen Sie die Umrandungen mit Kleber und kleinen Nägeln ohne Kopf.

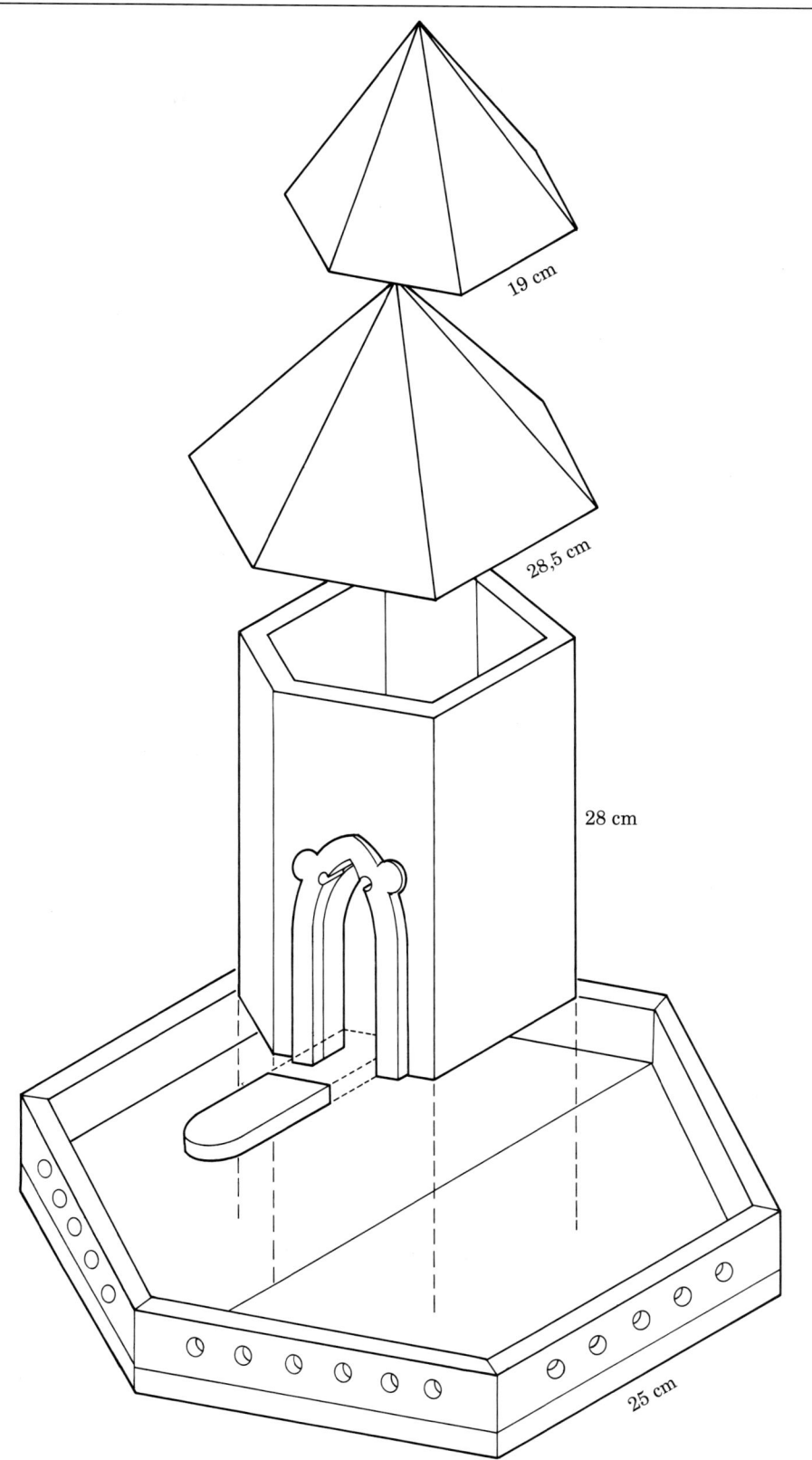

19 cm

28,5 cm

28 cm

25 cm

ZAUBERBRUNNEN

Dieses nostalgische Futterhäuschen strahlt ländlichen Charme aus und kann auf vielfältige Weise konstruiert werden – Sie können einen einfachen Eimer herstellen oder den Behälter kunstvoll drechseln. Der einzige Wunsch der Vögel wird darin bestehen, daß er immer gut gefüllt ist.

Material

- 1 Stück 1,5 cm starkes Sperrholz mit dem Durchmesser 17 cm
- 1 Stück 0,5 cm starkes Sperrholz mit dem Durchmesser 28,5 cm
- 12 Stück Kiefernholz, 1,5 x 5 cm x 10 cm
- 2 Stück Kiefernholz, 2 x 2 x 28 cm
- 1 Stück Rundholz von 4 cm Durchmesser, 4 cm lang
  Reste von 2 cm Stärke
  Reste von 0,5 cm Stärke
- 1 Stück Rundholz von 0,5 cm Durchmesser, 25 cm lang
- 1 Metallstange, 14 cm lang
- 20 cm Nylonschnur
- 1 Holzspule von 4 cm Durchmesser
- 1 Stück schwerer Draht, 14 cm lang
- 1 große Ringschraube
- 2 Holzschrauben, 25 mm lang
- 1 Stück Drahtgitter von 3,5 cm Durchmesser
  Kleber und verschiedene Nägel

Bei dem hier abgebildeten Brunnen handelt es sich im Grunde um einen zylindrischen Eimer mit kegelförmigem Dach. Er kann aus unterschiedlichen Materialien konstruiert werden und könnte auch eine quadratische oder vieleckige Form haben. Sie können den Behälter auch fertig kaufen.

Schritt eins   Verwenden Sie für die Eimerteile ziemlich festes Holz oder Möbelholz. Die 5 x 10 cm großen Stücke müssen an den langen Kanten 30° abgeschrägt werden. Mit starkem Gummiband oder einer Gurtklemme fügen Sie diese Teile mit Leim zu einer zylindrischen Faßform zusammen. Lassen Sie alles gut trocknen.

Schritt zwei   Der hier abgebildete Eimer wurde auf einer elektrischen Drehbank gedrechselt. Bei Ihrem Vieleck müssen Sie die Außenseite nur abrunden. Vor dem Abschleifen mit Schleifpapier können Sie sie zurechtschnitzen, wenn der Eimer wirklich rund werden soll. Schleifen Sie auch den oberen und unteren Rand ab.

Schritt drei   Schneiden Sie den Boden des Eimers zu, nachdem Sie den inneren Durchmesser auf 1,5 cm starkes Sperrholz übertragen haben, damit der Boden genau paßt. Kleben Sie den Boden ein, und nageln Sie ihn fest. Schneiden Sie in der Mitte ein 1 cm großes Drainageloch ein, und kleben Sie das Drahtgitter darüber, oder nageln Sie es fest.

Schritt vier   Die beiden 2 cm dicken Pfosten werden an die Seiten geklebt, unten festgenagelt und am oberen Rand von innen verschraubt. Sie können sie auch, wie auf dem Foto abgebildet, einkerben. Wenn Ihr Eimer sich verjüngt, sollten die Pfosten oben leicht abgeschrägt werden, um das runde Dach aufzunehmen. Bohren Sie ein Loch von 0,5 cm Durchmesser 4 cm von oben entfernt zur Hälfte in einen Pfosten, bevor Sie das Dach anbringen. Kleben Sie das Dach auf die Pfosten, und nageln Sie es fest.

Schritt fünf   Schneiden Sie das Rundholz mit dem Durchmesser 4 cm oben spitz zu, bevor Sie es in der Mitte auf die 28,5 cm große Sperrholzscheibe kleben. Aus den 2 cm und 0,5 cm dicken Resten schneiden Sie Dreiecke zu. Kleben Sie die 2 cm dicken Dreiecke wie Speichen um das spitz zulaufende Rundholz auf (siehe Foto). Schichten Sie die dreieckigen, 0,5 cm dicken Schindeln auf diese Unterkonstruktion. Lassen Sie das Ganze trocknen, und befestigen Sie die Ringschraube an der Spitze.

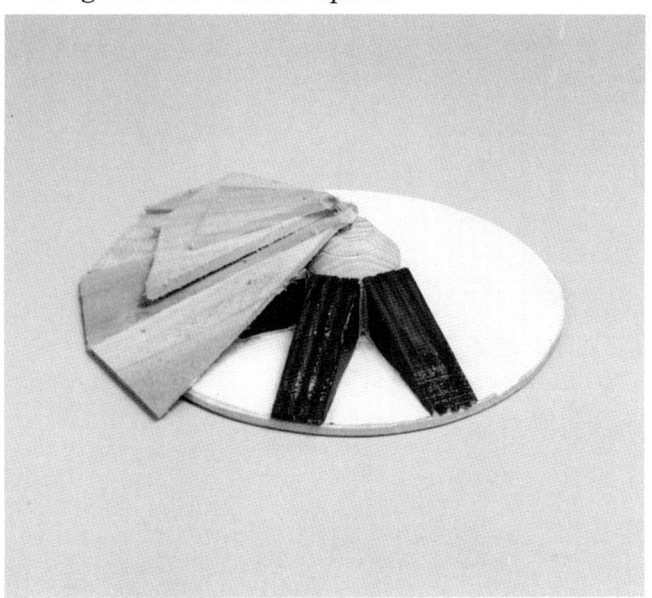

Schritt sechs   Schneiden Sie das 25 cm lange Rundholz zu einer 23 cm langen Welle und einem 2 cm langen Griff zu. Bohren Sie jeweils in ein Ende ein Loch, das die Metallstange aufnimmt. Biegen Sie die Stange zu einer Kurbel, und kleben Sie diese in die beiden Rundhölzer. Bohren Sie 4 cm von oben entfernt ein Loch von 0,5 cm Durchmesser in den Pfosten ohne Loch, und fügen Sie dann die Welle ein. Sie können sie festkleben oder beweglich lassen.

Schritt sieben   Der hier abgebildete kleine Eimer wurde auf einer Drehbank gedrechselt. Einen ähnlichen können Sie aus einer Holzspule fertigen oder in einem Hobbyladen kaufen. Der 14 cm lange Drahtgriff wurde gebogen und in vorgebohrten Löchern befestigt. Verknoten Sie die Nylonschnur an der Welle, wickeln Sie sie herum, und lassen Sie ein Ende herabhängen. Dieses wird dann an dem Eimergriff befestigt. Lasieren Sie das Ganze nach Geschmack.

ÜBERDACHTE BRÜCKE

Solch altmodische Brückenstege sieht man zwar in ländlichen Gegenden immer seltener, aber in der Futterhaus-Architektur können sie weiterleben. Dieses perfekt adaptierte Design wird von vorbeifliegenden Vögeln sicher oft besucht werden, und wenn man es aus Zedernholz baut, wird es sicherlich so lang wie sein Vorbild halten.

Material

2	Stück Zedernholz, 2 x 19,5 x 68,5 cm
1	Stück Zedernholz, 2 x 18 x 61,5 cm
2	Stück Zedernholz, 2 x 18 x 22 cm
2	Stück Zedernholz, 2 x 6,5 x 21,5 cm
1	Stück Zedernholz, 2 x 10 x 10 cm
1	Zedernpfosten, 4 x 4 x 180 cm
4	Stück Zedernholz, 1,5 x 1,5 x 57,5 cm
2	Stück Zedernholz, 1,5 x 1,5 x 12,5 cm
28	Dübel von 0,5 cm Durchmesser, 4 cm lang
	Zedernschindeln
4	Holzschrauben, 40 mm lang
8	Holzschrauben, 25 mm lang
	Kleber und verschiedene Nägel

Schritt eins Schneiden Sie die langen Seiten der 68,5 cm großen Dachplatten auf Gehrung zu. Schneiden Sie aus beiden 18 x 22 cm großen Zedernplatten die Dachspitze von 45° und den Rundbogen auf einmal aus. Markieren Sie den Bogen mit einem Zirkel.

Schritt zwei Bohren Sie 14 Löcher von 0,5 cm Durchmesser in eine Seite der 57,5 cm langen Geländer. Die Mittelpunkte sollten jeweils 3,8 cm voneinander entfernt, 0,5 cm tief und bei allen vier Stücken identisch sein. Streichen Sie die Spitze der Rundhölzer mit Leim ein, bevor Sie

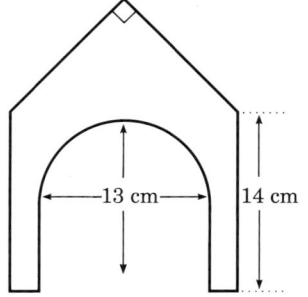

sie in die unteren Geländerteile klopfen. Bestreichen Sie die oberen Spitzen, bevor Sie die oberen Geländerteile festhämmern. Lassen Sie alles trocknen.

Schritt drei Kleben und nageln Sie die Geländer an die Teile mit den Rundbögen. Sie sollten unten und an den Ecken bündig abschließen. Lassen Sie alles gut trocknen.

Schritt vier Kleben Sie diese Konstruktion auf die 61,5 cm lange Grundplatte. Klemmen Sie alles gut zusammen oder beschweren sie die Konstruktion, damit die Verbindungsstellen gut halten. Wenn die Verbindungen getrocknet sind, verstärken Sie die Rundbögen von unten mit vier 25 mm langen Schrauben in den Ecken. Kleben und nageln Sie die 12,5 cm lange Randleiste unten zwischen die Rundbögen.

Schritt fünf Mit durchsichtigem Silicon kleben Sie die beiden Dachplatten auf die Giebel. Wenn die Verbindungsstellen trocken sind, verstärken Sie sie, indem Sie das Dach von oben festnageln. Die Schindeln werden Reihe für Reihe von unten nach oben ebenfalls mit Silicon befestigt. Wenn Sie Schindeln benutzen, die nicht aus Zedernholz bestehen, wie man sie für Puppenhäuser kaufen kann, sollten Sie sie zum Schutz mit zwei Schichten Polyurethan-Lack versehen.

Schritt sechs Schneiden Sie die beiden dekorativen Streben gleichzeitig aus den beiden 6,5 x 21,5 cm großen Stücken mit einer Band- oder Stichsäge aus. Schrägen Sie die Kanten des 10 x 10 cm großen Blocks dekorativ ab.

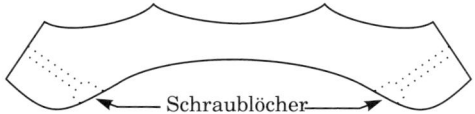

Schraublöcher

Schritt sieben Befestigen Sie den Block mit den Abschrägungen nach unten mit zwei 25 mm langen Schrauben an einem Ende des Pfostens. Befestigen Sie den Block mit zwei 25 mm langen Schrauben in der Mitte der Grundplatte. Bringen Sie die beiden dekorativen Streben mit Senkschrauben von 40 mm Länge an.

KASKADE

Dieses moderne Design weist Futterplätze auf verschiedenen Ebenen auf und könnte von Frank Lloyd Wright entworfen worden sein. Die von oben zu füllende Futterspirale verläuft um den Pfosten herum und befindet sich unter einem Dach. Das Ganze ist eine raffinierte Mischung aus Funktion und Ästhetik.

Material

1 Stück Kiefernholz, 9,5 x 9,5 x 12,5 cm
4 Sperrholzwände, 0,5 x 10 x 40,5 cm
1 Sperrholzabtrennung, 0,5 x 9,5 x 26 cm
1 Sperrholzdach, 0,5 x 35,5 x 35,5 cm
2 Sperrholzdecks, 0,5 x 20 x 20 cm
2 Sperrholzstreben, 0,5 x 10 x 15 cm
1 Sperrholzboden, 0,5 x 5,5 x 9,5 cm
4 Stück Sperrholz, 0,5 x 2 x 21 cm
4 Stück Sperrholz, 0,5 x 2 x 11 cm
2 Gewinde, 4 cm lang
2 passende Hutmuttern
Kleber und Nägel

Schritt eins Die ganze Konstruktion kann um einen druckimprägnierten 10 x 10 cm starken Pfosten herumgebaut werden, von dem sich die oberen 12,5 cm im Innern des Futterhäuschens befinden. In diesem Fall wäre eine Vorrichtung, die Eichhörnchen abhält, ratsam. Außerdem sollten Sie das Sperrholz durch 0,5 cm starkes Massivholz ersetzen, wenn dies erhältlich ist. Dies ist nicht so wichtig, wenn Sie die Sperrholzstruktur gründlich abdichten, grundieren und lackieren, damit Sie den Elementen widersteht.

Schritt zwei Wenn Sie keinen 10 x 10 cm starken Pfosten verwenden, besorgen Sie sich ein 2,5 cm dickes Stahlrohr (mit einem Gewinde am oberen Ende) und schneiden unten ein passendes Loch in die Mitte des Kiefernblocks.

Schritt drei Schneiden Sie die oberen Kanten der Wände im Winkel von 22,5° zu. In eine dieser Wände schneiden Sie einen 1,5 x 7,5 cm großen Schlitz, dessen unterer Rand mittig 12,5 cm von der unteren geraden Kante entfernt ist. In einer anderen Wand schneiden Sie denselben Schlitz 27,5 cm oberhalb der unteren geraden Kante ein.

Schritt vier Die Wände werden mit Holzleim und Gummibändern (zum Festklemmen) mit aufeinanderfolgenden Stoßverbindungen an dem Kiefernblock befestigt. Dabei müssen Sie jedoch auch die mittlere Abtrennung und den 5,5 x 9,5 cm großen Sperrholzboden der oberen Kammer verleimen (siehe Zeichnung). Wenn Sie möchten, können Sie den Boden und die Abtrennung vorleimen. Beachten Sie, daß die Abtrennung sich zur unteren Kammer hin nicht ganz in der Mitte befindet und innerhalb der vier Wände auf dem Kiefernblock ruht. Die Wände sollten so gedreht werden, daß die Schrägungen abwechselnd verlaufen, so daß zwei Ebenen für das spitze Dach entstehen. Schleifen Sie alle Oberflächen flach und gerade mit einem Schleifstein ab, bevor Sie sie verbinden.

Schritt fünf Schneiden Sie 2,5 cm von den Ecken an der langen Kante der beiden 10 x 15 cm großen Stücke V-förmige Teile aus. Diese K-förmigen Klammern werden die Decks stützen. (Statt diese separaten Stücke mit der Hauptkammer zu verbinden, könnten Sie die beiden Wände ohne Schlitze so zuschneiden, daß sie diese unregelmäßige Form ganz umfassen.)

Schritt sechs Schneiden Sie die 10 x 10 cm großen oberen Decks aus einer Ecke der beiden 20 x 20 cm großen Decks aus. Schneiden Sie alle acht 2 cm breiten Streifen zu, die den Rand der Decks bilden. Schleifen Sie alle Oberflächen flach und gerade ab.

Schritt sieben Kleben Sie jeweils zwei Decks gleichzeitig fest. Legen Sie die Hauptkammer dazu jedesmal waagrecht hin, und beschweren Sie die entsprechenden Teile, damit die Verbindungsstellen gut trocknen. Schmirgeln Sie die Verbindungsstellen der ganzen Konstruktion ab, wenn sie trocken ist.

Schritt acht Schneiden Sie das 35,5 cm große Quadrat für das Dach quer durch, und schrägen Sie die Kanten 52,5° ab. Stützen Sie diese abge-

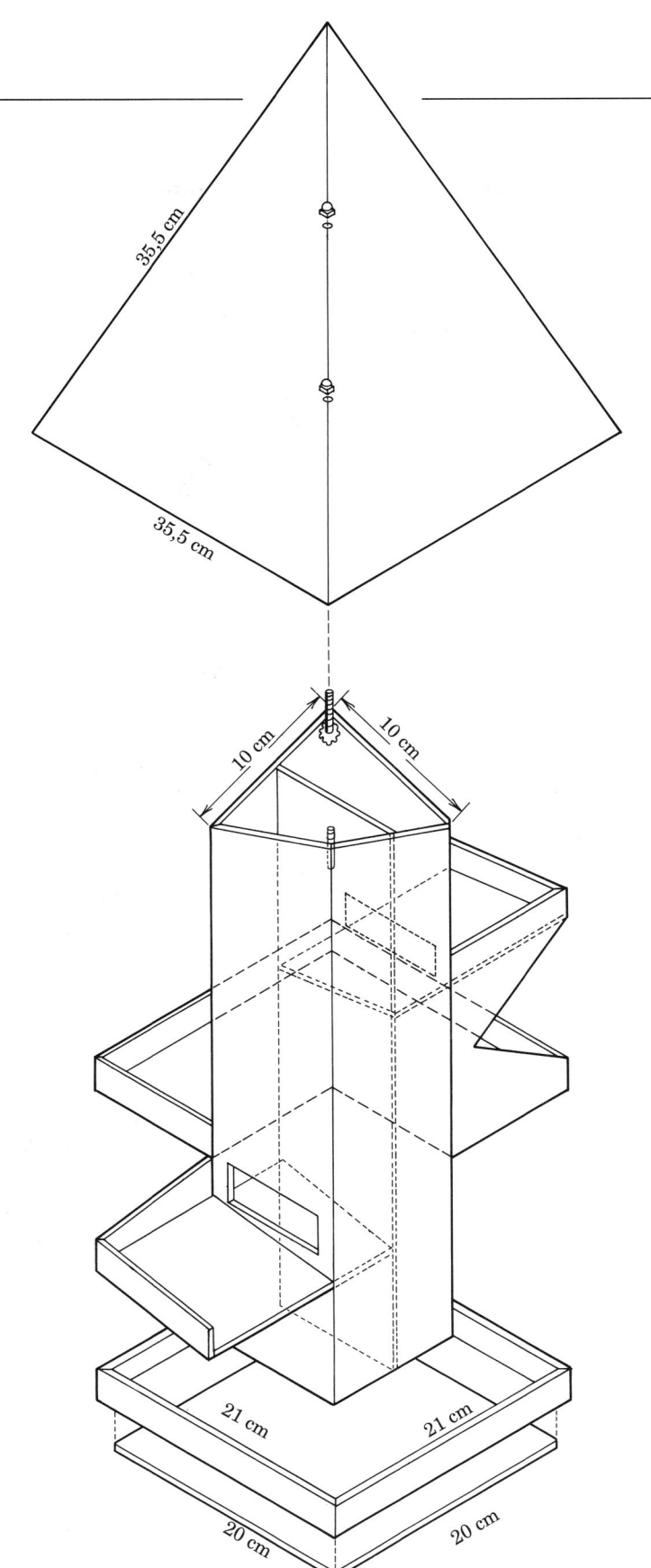

35,5 cm

35,5 cm

10 cm

10 cm

21 cm

21 cm

20 cm

20 cm

schrägten Teile mit Keilen, und kleben Sie sie entlang der langen abgeschrägten Verbindungsstelle zusammmen. (Sie können einen dreieckigen Block in die Mitte kleben, wenn Sie die Verbindung stützen wollen.)

Schritt neun   Kleben Sie die beiden Gewinde mit Epoxydharz einander gegenüber in die hohen Ecken der Hauptkammer. Sie sollten 1,5 cm über den Rand hinausragen.

Schritt zehn   Legen Sie das Dach über das Zentrum der Hauptkammer. Markieren Sie die Punkte, an denen die Gewinde unten auf den First treffen, sorgfältig. Bohren Sie genau passende Löcher, die die Gewinde aufnehmen.

Schritt elf   Dichten Sie die Konstruktion gründlich ab, grundieren Sie sie, und lackieren Sie sie ganz nach Geschmack.

Vogel-Kantine

Selbst ein Kind kann dieses einfache Futterhäuschen mit Handwerkzeugen und etwas Anleitung herstellen. Es ist ein sehr funktionales Futterhäuschen, das sich auf die unterschiedlichste Art und Weise dekorieren läßt.

Material

1 Stück Kiefernholz, 2 x 28,5 x 28,5 cm
1 Stück Kiefernholz, 2 x 19 x 19 cm
4 Leisten, 0,5 x 4 x 20 cm
1 Kaffeedose von 11 cm Durchmesser
  Wäscheleine, 4,80 m lang
2 Holzschrauben, 20 mm
  Kleber und verschiedene Nägel

Schritt eins   Die Kiefernquadrate können mit einer Handsäge zugeschnitten werden. Suchen Sie bei beiden Stücken den Mittelpunkt. Markieren Sie auf beiden Quadraten zwei Punkte, die in der Mitte 7,5 cm voneinander entfernt und parallel zueinander sind. Bohren Sie Löcher von 5 mm Durchmesser durch alle vier Punkte.

Schritt zwei   Die Leisten werden mit aufeinander folgenden Stoßkanten um die Grundplatte herum aufgeklebt, wobei sie bündig mit der Platte abschließen. Stücke von 22,5 cm Länge können auch auf Gehrung geschnitten werden, wenn Sie dies vorziehen.

Schritt drei   Schneiden Sie mit einem Dosenöffner vier Öffnungen in ein Ende der Dose. Falten Sie die dreieckigen Stücke mit einem Schraubenzieher so um, daß sie bündig mit dem Dosenboden abschließen. Der obere Dosenboden wird entfernt.

Schritt vier   Lackieren Sie die Dose und beide Böden nach Wunsch. Lassen Sie die Farbe trocknen. Schrauben Sie die Dose von oben in der Mitte der Grundplatte fest. Dazu schlagen Sie mit einem Nagel und Hammer am Rand des Dosenbodens zwei Löcher ein.

Schritt fünf   Führen Sie die Wäscheleine, die kunststoffbeschichtet sein sollte, um Eichhörnchen fernzuhalten, in einer langen U-Form durch die obere Platte in die Dose hinein, dann durch ein Loch in der Grundplatte, durch das andere Loch wieder nach oben und schließlich durch das obere Loch hinaus. Jetzt kann man das Futterhaus in einem Baum oder an einer anderen hohen Stelle aufhängen.

FUTTERVOGEL

Dieser Vogel genießt nichts mehr, als herumzuhängen und andere Artgenossen zu füttern. Vögel werden sich oft auf seinen Flügeln niederlassen und die Obst- oder Brotreste des Tages kosten.

Schritt eins Mit einer Laub-, Stich- oder Bandsäge schneiden Sie den Umriß des Körpers, der Flügel und des Schwanzes, wie die Fotos es zeigen, oder nach Wunsch aus. Runden Sie die Kanten bis auf die Stellen, wo Flügel und Schwanz mit dem Körper zusammengefügt werden, ab.

Material

1 Stück Kiefernholz, 2 x 8 x 24 cm
2 Stück Kiefernholz, 1 x 7 x 20 cm
1 Stück Kiefernholz, 1 x 7 x 9 cm
3 Nägel, 40 mm lang
1 Ringschraube
  Kleber

Schritt zwei Mit einer Kreis- oder Bandsäge schneiden Sie eine 1 cm breite Rille etwa 2,5 cm tief in das Schwanzende des Körpers. Mit einer Laub- oder Stichsäge schneiden Sie einen 1 x 4 cm großen Schlitz in den Bauchbereich. Schneiden Sie diese Verbindungsstellen zurecht, und schleifen Sie sie ab, bis alle Teile gut passen. Leimen Sie alles fest, und lassen Sie das Ganze trocknen. Schnitzen Sie die Schwanzverbindung zurecht, und schmirgeln Sie sie ab.

Schritt drei Grundieren und lackieren Sie den Vogel nach Wunsch mit wetterfester Farbe. Der hier abgebildete Vogel wurde mit einer dunklen Lasur versehen. Bedenken Sie, daß Sie den Vogel vielleicht hin und wieder waschen wollen.

Schritt vier Mit einem Nagel bohren Sie, wie auf dem Foto abgebildet, Löcher in die obere Hälfte des Körpers. Kneifen Sie die Köpfe von drei Nägeln ab, und kleben Sie sie mit Epoxydharz in diesen Löchern fest. Befestigen Sie die Ringschraube so, daß der Vogel gerade hängt, wenn er mit Futter bestückt ist.

FREIGEBIGER KARDINAL

Es heißt, daß Unersättlichkeit eine große Sünde sei. Warten Sie ab, wie oft Sie dieses verlockende durchsichtige Futterhäuschen füllen müssen. Vielleicht können Sie dann entscheiden, wer nobler ist: Mensch oder Vogel.

Schritt eins Markieren Sie die Umrisse eines Vogels auf einem der beiden 4,5 cm starken Kiefernholzstücke. Schneiden Sie sie mit einer Stich- oder Bandsäge aus. Wenn Ihnen eine Lochsäge zur Verfügung steht, schneiden Sie in der Mitte einen Kreis von 11 cm Durchmesser aus. Andernfalls markieren Sie den Kreis und schneiden ihn mit einer Stich- oder Bandsäge aus. Der Kreis sollte unten etwa 4,5 cm vom unteren Rand des Vogels entfernt sein.

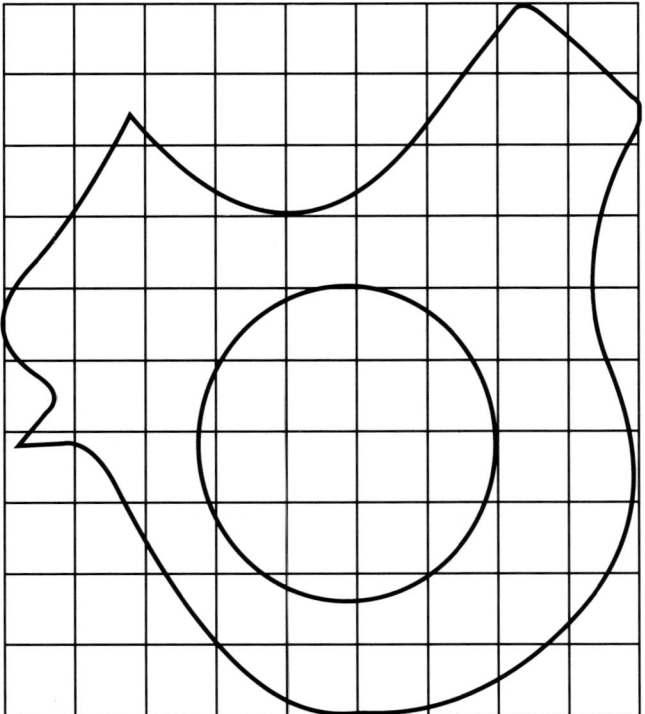

Schritt zwei Legen Sie dieses ausgeschnittene Stück auf das andere 4,5 cm starke Holzstück, und zeichnen Sie den Kreis und den Umriß nach. Schneiden Sie die Form aus. Leimen und klammern Sie beide Teile zusammen. Lassen Sie das Ganze trocknen und schmirgeln Sie die Verbindungsstelle glatt ab.

Schritt drei Legen Sie ein Plexiglas-Rechteck über eins der Löcher, so daß eine 1 cm große Öffnung zum Herausfallen des Futters bleibt. Um das Loch markieren Sie eine C-förmige Linie mit 1,5 cm breitem Rand. Schneiden Sie die Form mit einer Laubsäge aus. Markieren Sie die andere Scheibe und schneiden Sie sie aus.

Schritt vier Teilen Sie das 2 cm starke Kiefernholzquadrat diagonal in zwei Dreiecke. Schneiden Sie die kurzen Enden der Latten auf Gehrung, und kleben und nageln Sie sie an die kurzen Seiten der beiden Dreiecke, so daß sie bündig mit dem Boden abschließen. Kleben und nageln Sie diese Flügel an den Körper, wobei der obere Rand mit den Kreisen unten bündig abschließt. Lassen Sie alles gut trocknen.

Schritt fünf Mit einer Loch- oder Laubsäge schneiden Sie oben in den Vogel ein Loch durch zur Futterkammer. Es sollte groß genug sein, um den Ausgußstopfen aufzunehmen.

Schritt sechs Bemalen Sie den Vogel nach Wunsch. Als letzte Schicht sollten Sie eine versiegelnde Farbe auftragen, damit die Verbindungsstelle in der Mitte gut geschützt ist.

Schritt sieben Bohren Sie die Nagellöcher in dem Plexiglas vor. Tragen Sie einen Tropfen Silicon um den Rand auf, und nageln Sie die Scheiben fest. Befestigen Sie die Ringschraube.

KATZENFISCH-WETTERFAHNE

Diese Wetterfahne erinnert an amerikanische Volkskunst und bietet einen einzigartigen Vorteil beim Füttern der Vögel: Egal, aus welcher Richtung der Wind bläst – der Katzenkopf schützt unsere zarten Gäste immer vor den Elementen.

Material

1 Stück Kiefernholz, 2 x 30 x 71 cm
2 Stück Kiefernholz, 2 x 14 x 16,5 cm
1 Stück Kiefernholz, 2 x 19 x 21 cm
1 Stück Kiefernholz, 2 x 14 x 21 cm
1 Stück Kiefernholz, 2 x 10,5 x 10,5 cm
1 Leiste, 0,5 x 4 x 20,5 cm
1,50 m schwerer Draht
2 Gewindeschrauben, 50 mm lang
1 Nagel, 25 mm lang
1 Stiel von 3,5 cm Durchmesser,
  1,80 – 2,40 m lang
  Kleber und verschiedene Nägel

Schritt eins Als erstes bauen Sie den Kopf. Schrägen Sie die 10,5 x 10,5 cm große Gesichtsplatte an allen vier Seiten 80° ab, so daß sie mit den abgeschrägten Seitenteilen verbunden werden kann. Die Gesichtsoberfläche beträgt etwa 10,5 cm im Quadrat.

Schritt zwei Markieren Sie an den beiden 14 x 16,5 cm großen Seitenteilen Punkte im Abstand von etwa 3 cm von den Ecken derselben langen Seite. Zeichnen Sie von diesen Punkten aus Linien zu den gegenüberliegenden Ecken, und schneiden Sie rechtwinklig an diesen Linien entlang. Schrägen Sie die 10,5 cm lange Kante an beiden Platten 80° ab.

Schritt drei Markieren Sie auf der Grundplatte von 14 x 21 cm Größe Punkte im Abstand von 3,5 cm von den Ecken an derselben langen Kante. Ziehen Sie Linien von diesen Punkten zu den gegenüberliegenden Ecken, und schneiden Sie rechtwinklig daran entlang. Übertragen Sie diese Form auf die 19 x 21 cm große obere Platte, wobei die 14 cm lange Kante bündig mit einer 19 cm breiten Kante abschließt. Markieren Sie den Umriß, und schneiden Sie das Stück mit

rechtwinkligen Schnittkanten zu. Schrägen Sie die 14 cm langen Kanten beider Platten 80° ab.

Schritt vier Leimen und nageln Sie den Kopf zusammen. Lassen Sie alles trocknen, bevor Sie die Verbindungsstellen abschmirgeln. Mit einer Laub- oder Stichsäge schneiden Sie die Außenkanten der Oberseite und der Seitenplatten wellenförmig zu, um Fellbüschel anzudeuten.

Schritt fünf Mit einer Stich- oder Bandsäge schneiden Sie aus der 71 cm langen Platte einen Fisch aus. Der sich verjüngende Halsbereich sollte sich über 10 cm hinziehen. Die Unterkante des Halses muß gerade sein, damit sie mit dem Kopf verbunden werden kann und zum Boden parallel verläuft. Ein Loch, das einen etwas größeren Umfang als der 25 mm lange Nagel hat, sollte rechtwinklig etwa 5 cm tief zum unteren Halsrand gebohrt werden. Auf diese Weise wird das Futtertablett gerade gehalten.

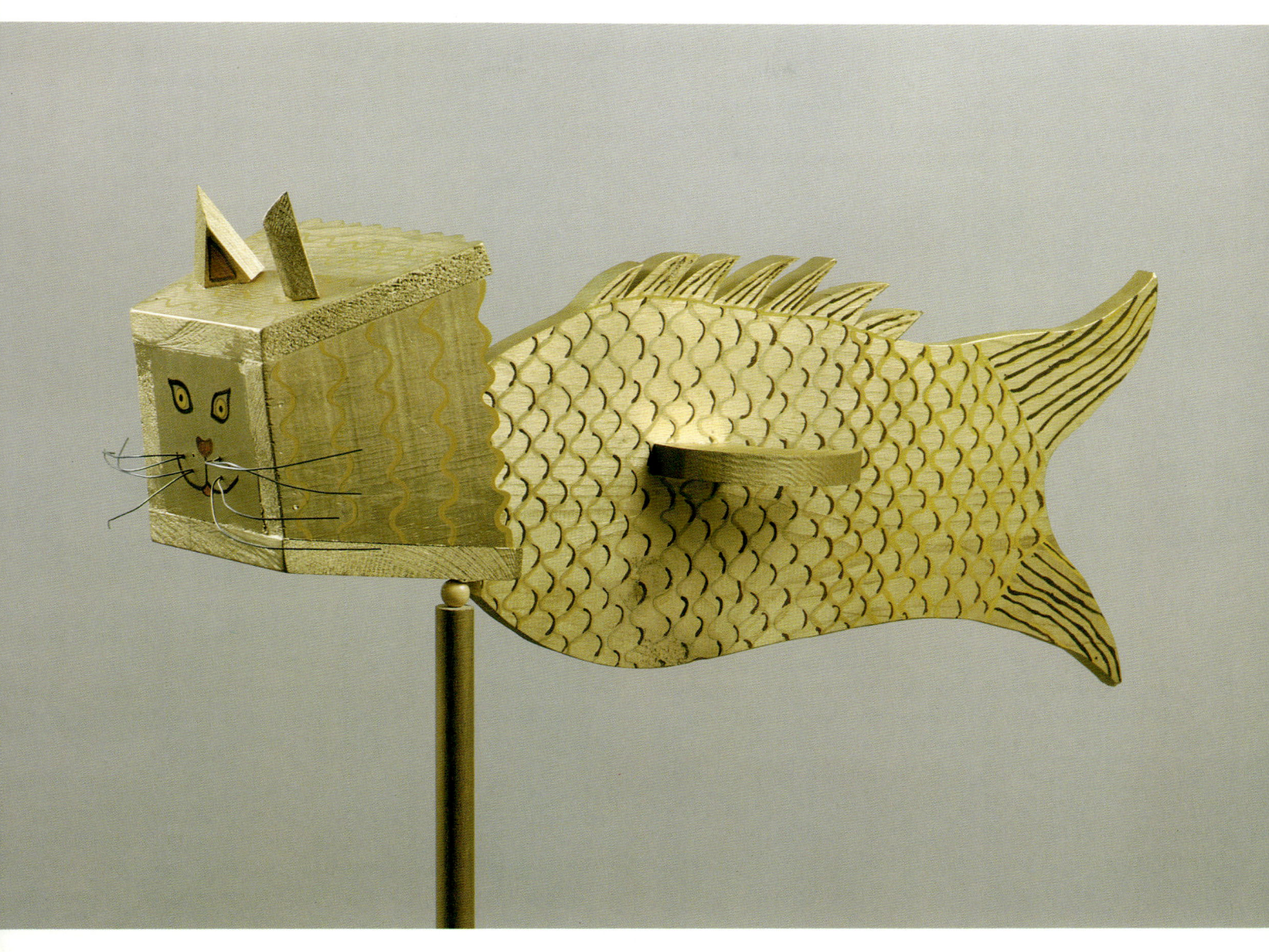

Schritt sechs Schneiden Sie abgerundete Seitenflossen aus den Resten, und leimen und nageln Sie diese an den Körper. Schrägen Sie zwei Dreiecke so ab, daß etwa 6,5 cm lange Ohren entstehen. Kleben und nageln Sie sie fest.

Schritt sieben Kleben und nageln Sie den Hals in den Kopf. Verstärken Sie diese Verbindung von der Unterseite des Kopfes mit zwei 5 cm langen Gewindeschrauben. Schneiden Sie die Leiste in zwei 10 cm lange Stücke, die sie an

den unteren Rand des Kopfs kleben und nageln, so daß ein Rand für die Futterkammer entsteht.

Schritt acht Grundieren und lackieren Sie das Futterhaus mit wetterfester Farbe. Schneiden Sie den Draht in vier 36 cm lange Stücke. Biegen Sie diese halb um, und stecken Sie sie in Schnurrhaarlöcher, die Sie gebohrt haben.

Schritt neun Schlagen Sie den 25 mm langen Nagel halb in den Pfosten, schneiden Sie den Kopf ab.

BLUMENKASTEN

Wenn Sie sich schon immer gewünscht haben, daß Vögel zum Fressen direkt an Ihr Fenster kommen, können Sie jetzt durch die Tulpen einen Blick auf sie werfen. Zum Nachfüllen des Futters öffnen Sie einfach das Fenster und den Blumendeckel.

Material

1 Stück Kiefernholz, 2 x 28,5 x 35,5 cm
1 Stück Kiefernholz, 2 x 19 x 55 cm
1 Stück Kiefernholz, 2 x 17 x 55 cm
1 Stück Kiefernholz, 2 x 12,5 x 60 cm
2 Stück Kiefernholz, 2 x 10 x 21,5 cm
2 Stück Kiefernholz, 2 x 2,5 x 19 cm
1 Stück Kiefernholz, 2 x 2,5 x 35,5 cm
2 Leisten, 0,5 x 4 x 61 cm
2 Leisten, 0,5 x 4 x 14 cm
9 Stück Kiefernholz, 2 x 10 x 11,5 cm
9 Rundhölzer von 0,5 cm Durchmesser, 11 – 18,5 cm lang
2 Bänder, 6,5 cm lang
Kleber und verschiedene Nägel

Schritt eins Markieren Sie je einen Punkt an der langen Unterkante des 17 x 55 cm großen Seitenstücks 9,5 cm von beiden Enden entfernt. Zeichnen und schneiden Sie eine Linie von die-

sen Punkten zu den oberen Ecken. Schneiden Sie eine lange Kerbe von 1,5 x 26,5 cm mittig in den unteren Rand, oder schneiden Sie (wie auf dem Foto) 2 oder 3 Kerben ein. Legen Sie dieses Stück auf das 19 x 54 cm große Seitenstück, übertragen Sie die diagonalen Kanten bis zu den unteren Ecken und dann 2 cm lange Linien rechtwinklig zur unteren Kante. Schneiden Sie an diesen Linien entlang. Schrägen Sie eine kurze Seite jedes 10 x 21,5 cm großen Seitenstücks 60° ab.

Schritt zwei Kleben und nageln Sie die eingekerbte Seite an die beiden 10 cm langen Seiten, wobei die untere (eingekerbte) Kante bündig mit den 10 cm langen, abgeschrägten Kanten verläuft. Bringen Sie die andere große Seite an, um den Blumenkasten fertigzustellen, und befestigen Sie ihn dann an der langen Kante der 28,5 x 35,5 cm Grundplatte.

Schritt drei Legen Sie den 12,5 x 60 cm großen Deckel oben auf den Kasten. Markieren Sie die Schraubenlöcher und die Umrisse der eingelassenen Bänder. Stemmen Sie diesen Bereich aus dem Deckel aus, damit die Bänder bündig mit der Oberfläche abschließen. Schneiden Sie an allen Ecken 0,3 cm für die Drainage ab. Befestigen Sie den Deckel mit den Bändern.

Schritt vier Schneiden Sie die Ecken aller Leisten auf Gehrung, bevor Sie sie um den Deckelrand herum bündig mit dem Boden festleimen und festnageln. Schneiden Sie die vier Kanten der 2 x 2,5 cm Streifen, wo sie aufeinanderstoßen, auf Gehrung, und leimen und nagen Sie sie am Rand des Tabletts fest.

Schritt fünf Schneiden Sie die Blüten und Blätter aus einem der 10 x 11,5 cm großen Holzstücke aus. Bohren Sie Löcher von 0,5 cm Durchmesser in den Deckel, von unten in die Blumen und durch das Zentrum der Blätter. Kleben Sie alles zusammen, und lackieren Sie den Blumenkasten nach Geschmack.

Schritt sechs Dieser Futterkasten kann mit Stahlkonsolen auf der Fensterbank oder niedriger befestigt werden, so daß das Blumenbeet bündig mit der Fensterbank abschließt.

FRÜHSTÜCKSTABLETT

Lassen Sie Ihre gefiederten Gäste den Tag mit einem reichlichen Frühstück beginnen. Diese Futtervorrichtung läßt sich leicht füllen, ist ein hübscher Blickfang und ein wahrer Genuß für fast alle Vogelarten. Welche Vögelmutter würde nicht gerne einen Wurm fallenlassen, um ihn gegen diese Leckereien einzutauschen.

Material

1 Stück Sperrholz, 2 x 43 x 58,5 cm
2 Leisten, 0,5 x 4 x 61 cm
2 Leisten, 0,5 x 4 x 45,5 cm
2 Stück Kiefernholz, 2 x 30 x 35,5 cm
2 Stück Kiefernholz, 2 x 7,5 x 35,5 cm
1 Stück Kiefernholz, 2 x 12,5 x 29 cm
2 Bänder, 25 mm lang
4 Holzschrauben, 40 mm lang
1 Vase
1 Tasse und Untertasse
1 Schüssel
  Besteck
  Kleber und verschiedene Nägel
  Epoxydharz

Schritt eins Das einzige Teil, das Sie herstellen müssen, ist die Schachtel für die Frühstücksflocken, aber vielleicht möchten Sie auch das übergroße Tablett anfertigen, statt ein fertig gekauftes zu verwenden. Schrägen Sie alle Kanten der 2 cm dicken Sperrholzplatte 45° ab. Schneiden Sie die unteren Ecken der vier Leisten 45° ab. Diese werden an den Ecken des Tabletts aneinanderstoßen. Kleben und nageln Sie die Leisten an die Schrägungen des Tabletts. Zur Drainage bohren Sie ein Loch von 0,5 cm Durchmesser in alle Ecken. Grundieren und lackieren Sie alles mit wetterfester Farbe.

Schritt zwei Schneiden Sie eine 1,5 x 15 cm große Kerbe mittig in die Unterkante einer der 30 x 35,5 cm großen Schachtelteile. Leimen und nageln Sie diese Teile an die 7,5 x 35,5 cm großen Teile, so daß die Schachtel entsteht. Lassen Sie alles gut trocknen, und schmirgeln Sie die Verbindungsstellen ab. Grundieren und lackieren Sie die Schachtel und den Deckel, und verzieren Sie alles nach Wunsch. Befestigen Sie die Schachtel mit Epoxydharz auf dem Tablett, und verstärken Sie das Ganze mit 40 mm langen Schrauben, die Sie von unten in die Schachtelecken schrauben. Befestigen Sie den Deckel mit zwei Scharnieren.

Schritt drei Alle anderen Gegenstände sollten mit Epoxydharz befestigt werden. Zur Reinigung dieses Ensembles verwenden Sie eine Bürste oder sprengen es mit dem Wasserschlauch ab.

LÄNDLICHE LADENFRONT

Vielleicht gefällt Ihnen diese Kopie altmodischer Dorfläden besser als Vögel beim Schaufensterbummel, aber die Leckereien, die sich auf den Bürgersteig ergießen, werden der Aufmerksamkeit unserer gefiederten Freunde sicher nicht entgehen. Füllen Sie jeden Behälter mit anderem Futter, und beobachten Sie, welcher Vogel wo auf seinem Ausflug durch die Stadt eine Pause einlegt.

Ländliche Ladenfront

Material

1 Stück Kiefernholz, 2 x 30 x 62,5 cm
1 Stück Kiefernholz, 2 x 25,5 x 62,5 cm
4 Stück Kiefernholz, 2 x 17 x 32,5 cm
1 Stück Kiefernholz, 2 x 18 x 62,5 cm
1 Stück Kiefernholz, 2 x 6,5 x 62,5 cm
1 Stück Kiefernholz, 2 x 12 x 66 cm
1 Stück Kiefernholz, 2 x 18 x 23 cm (nach Wahl)
4 Rundhölzer von 1,5 cm Durchmesser, 16 cm lang
1 Leiste, 0,5 x 2,5 x 63,5 cm
2 Leisten, 0,5 x 2,5 x 29 cm
1 Stück Sperrholz, 0,5 x 38 x 62,5 cm
1 Stück Plexiglas, 33,5 x 62,5 cm
Sperrholzabfälle von 3 mm Stärke (nach Wahl)
1 Band, 62,5 cm lang
1 Türknopf
Kleber und verschiedene Nägel

Schritt eins Schrägen Sie eine lange Kante des 25,5 x 62,5 cm großen Teils 60° ab. Die Dachneigung der Seiten und Innenwände beträgt 30°. Die Spitze ist 12 cm von einem Rand entfernt. Schrägen Sie den 6,5 x 62,5 cm langen Streifen an beiden langen Kanten 60° ab.

Schritt zwei Mit Leim und Nägeln befestigen Sie die Rückseite und die vier parallelen Wände auf der 30 x 62,5 cm großen Grundplatte und sichern sie mit dem schmalen Dachstreifen über der kürzeren Dachneigung. Wenn Sie zusätzlich in die einzelnen Kammern die schrägen Böden einsetzen wollen, schrägen Sie die kurzen Kanten 45° ab, bevor Sie sie festleimen und vernageln.

Schritt drei Schneiden Sie den Dachverlauf und alle Fenster und Türen aus der 0,5 cm starken Sperrholzplatte aus. Schneiden Sie nach Wunsch aus den 3 mm starken Sperrholzabfällen Dekorationen aus. Bemalen Sie die Platte. Legen Sie das Plexiglas unter diese Platte, schneiden Sie in den Türeingängen Halbkreise aus, und befestigen Sie dann beides vor den Wänden. Bohren Sie Löcher vor, und verleimen und vernageln Sie alles.

Schritt vier Schrägen Sie beide lange Kanten des 18 x 62,5 cm großen Dachstücks 60° ab. Befestigen Sie dieses Stück mit dem langen Band an der anderen Dachplatte. Befestigen Sie den Knopf in der Mitte am unteren Rand.

Schritt fünf Schrägen Sie die beiden langen Kanten des 12 x 66 cm großen Vordachs parallel 60° ab. Schrägen Sie die Enden der vier Rundholzpfosten 30° ab. Leimen und vernageln Sie diese Stücke. Schilder, die Sie aus den 0,3 cm starken Sperrholzresten schneiden, können mit kleinen Ringschrauben befestigt werden. Nageln Sie den Leistenrand fest, und streichen Sie den Rest der Konstruktion an.

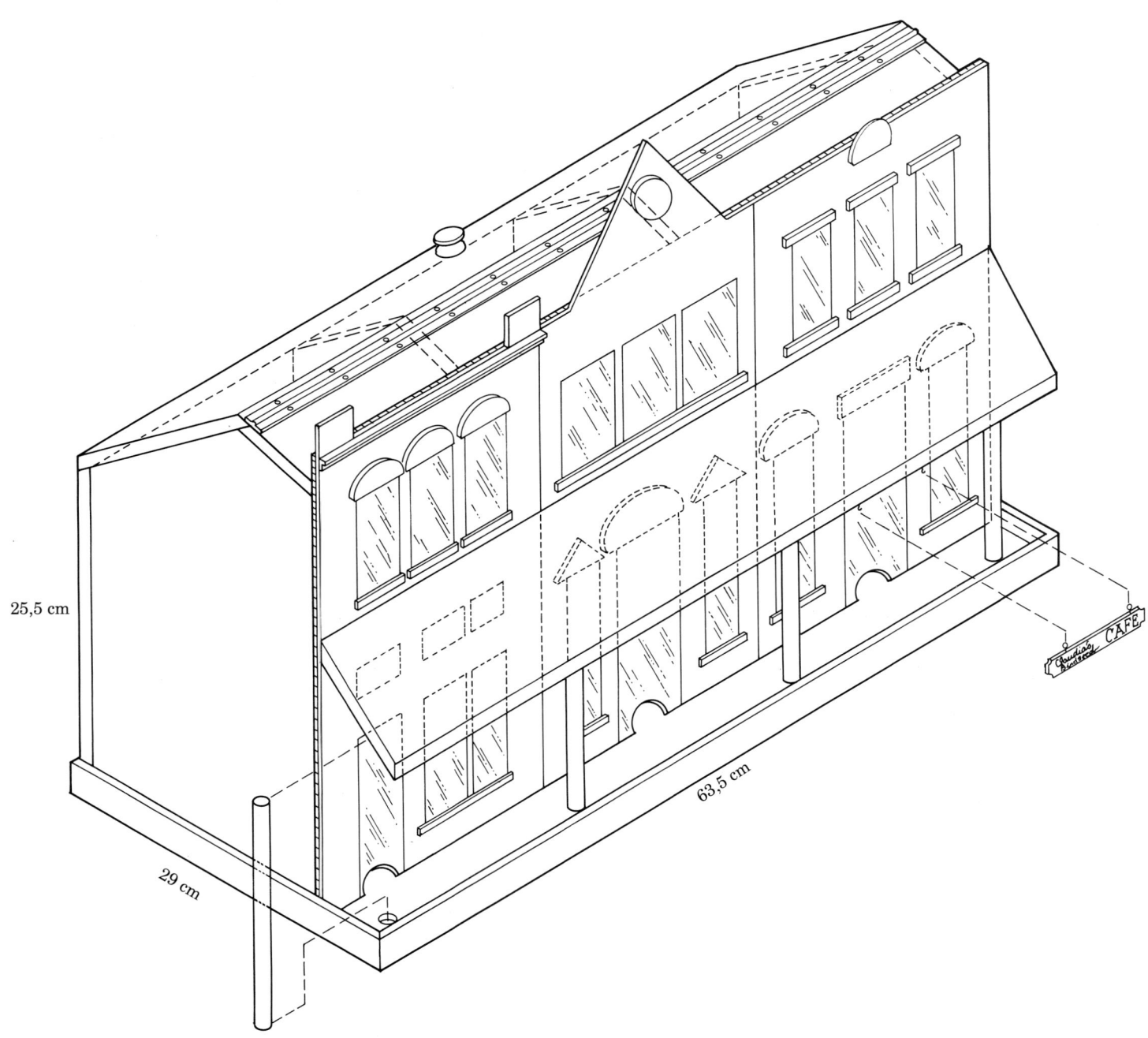

25,5 cm

29 cm

63,5 cm

CAFE

EIN HANGAR FÜR FLUGASSE

Nach einem schweren Tag der Luftakrobatik werden die gefiederten Piloten sich gerne auf dieser Landebahn niederlassen, um zu naschen. Durch eine Klappe auf der Rückseite können Sie dieses Futterhäuschen gut auffüllen.

Material

1 Stück Kiefernholz, 2 x 30 x 61 cm
2 Stück Kiefernholz, 2 x 14,5 x 30,5 cm
2 Stück Kiefernholz, 2 x 20,5 x 23,5 cm
2 Viertelstäbe, 1,5 x 30,5 cm
1 Aluminiumblech, 32 x 37,5 cm
2 Aluminiumbleche, 7,5 x 10 cm
2 Bänder, 25 mm
1 Türknopf
1 Leiste, 0,5 x 2,5 x 10 cm
1 Leiste, 0,5 x 1,5 x 12,5 cm
1 Leiste, 0,5 x 2,5 x 16,5 cm
1 Rundholz von 0,5 cm Ø, 21,5 cm lang
9 cm schwerer Draht
   fester Stoff, 7,5 x 9 cm
1 Spielzeugflugzeug
   Kleber und verschiedene Nägel

Schritt eins Schneiden Sie einen 11,5 x 14,5 cm Vordereingang aus einem der 20,5 x 23,5 cm großen Wandstücke aus. Bewahren Sie das ausgeschnittene Teil. Zeichnen Sie 2,5 cm über dem Eingang parallel dazu eine Linie auf. Alles oberhalb dieser Linie wird der Bogenbereich sein. Umreißen Sie den Bogen ordentlich, legen Sie dieses Stück auf das andere gleichgroße Stück, und schneiden Sie den Bogen bei beiden Stücken aus. Schneiden Sie in die zweite Wand einen 9 x 12,5 cm großen Ausschnitt mittig 11,5 cm über der Unterkante aus.

Schritt zwei Kleben und nageln Sie die Wände mit den Rundungen an die 14,5 x 30,5 cm großen Seitenwände, wobei die Seitenteile innen an die Endstücke stoßen. Kleben und nageln Sie die beiden Viertelstäbe auf die Oberkante der Seitenwände, wobei der abgerundete Teil nach außen zeigt und bündig mit dem Bogen abschließt. Kleben und nageln Sie das Ganze an ein Ende der 61 cm langen Grundplatte.

Schritt drei Schneiden Sie ein 8,5 x 12,5 cm großes Rechteck aus der ausgeschnittenen Vordertür. Runden Sie die obere Innenkante ab. Schneiden Sie ein fächerförmiges Stück aus den 7,5 x 10 cm großen Aluminiumstücken. Nageln Sie je eine gerade Kante der Fächer an die einander gegenüberliegenden Seitenkanten des Türstücks, so daß sie bündig mit der äußeren Türoberfläche abschließen. Kleben und nageln Sie die 10 cm lange Leiste innen am oberen Rand der Türöffnung fest. Sie dient als Türpfosten. Bringen Sie den Türknopf an, und befestigen Sie die Tür mit den Bändern.

Schritt vier Nageln Sie das Aluminiumdach fest. Wenn das Dach stärker sein soll, können Sie es aus einem Stück Ofenrohrblech schneiden, zurechtbiegen und die Nagellöcher vorbohren. Biegen Sie das 9 cm lange Drahtstück zu einem Fragezeichen, wobei Sie ein 2,5 cm langes Stück gerade lassen und die Rundung zum Kreis schließen. Spitzen Sie das gerade Stück mit einer Feile zu.

Schritt fünf Schneiden Sie den Stoff trichterförmig zu und kleben oder nähen Sie den entstandenen Luftsack um die Drahtöse. Bohren Sie ein 2 cm tiefes Loch in ein Ende des Rundholzes. Es sollte etwas breiter als der Draht sein. Schneiden Sie dieses Ende des Rundholzes zurecht, und schleifen Sie es ab, so daß eine Rundung entsteht. Bohren Sie ein Loch von 0,5 cm Durchmesser in die Grundplatte, und kleben Sie das Rundholz ein. Kleben Sie auch das Flugzeug fest.

Schritt sechs Schneiden Sie die Flügel aus der 1,5 x 12,5 cm großen Leiste aus. Bemalen Sie sie genau wie das 2,5 x 16,5 cm große Schild. Streichen Sie die ganze Konstruktion nach Geschmack an, bevor Sie Flügel und Schild über dem Eingang festkleben und annageln.

Schritt sieben Um Drainageprobleme und nasses Futter zu vermeiden, können Sie das Ganze entweder etwas schräg an einem Pfosten befestigen oder eine 2 x 16,5 x 26,5 cm große Schrägung anbringen, bevor Sie das Haus auf der Grundplatte befestigen.

INTERGALAKTISCHER IMBISS

Mutig in Welten vordringen, in die ein Futterhaus sich noch nie zuvor begeben hat... So lautet die Mission dieses schicken Samen-Shuttle. Ein glänzender Tribut an die Vögel, die den Menschen überhaupt erst zum Fliegen animierten – ein Raumschiff von wahrer Star-Qualität.

Material

1 Stück Mahagoni-Sperrholz, 0,5 x 40,5 x 40,5 cm
1 Stück Mahagoni-Sperrholz, 0,5 x 25,5 x 37 cm
3 Rundhölzer von 1 cm Durchmesser, 23 cm lang
1 Stück PVC-Rohr von 2,5 cm Durchmesser, 2,5 cm lang
Kleber

Schritt eins Schneiden Sie die Grundplatte aus der 40,5 x 40,5 cm großen Sperrholzplatte entsprechend der Zeichnung zu. Alle Kanten werden rechtwinklig geschnitten. Verwahren Sie die Reste.

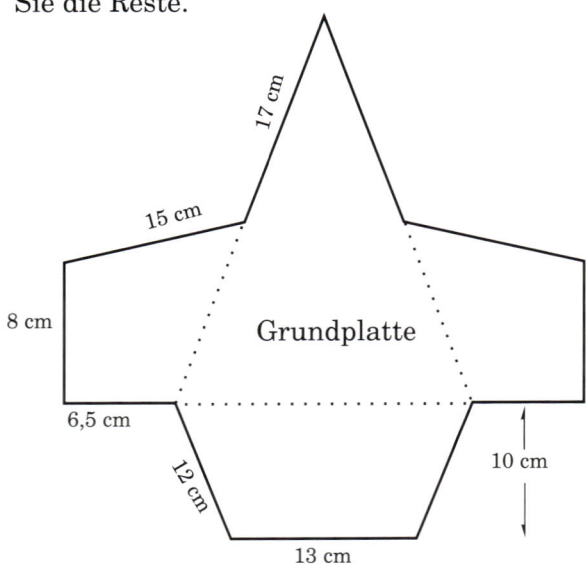

Schritt zwei Schneiden Sie die beiden Seiten des Rumpfes aus der 25,5 x 37 cm großen Sperrholzplatte mit einem diagonalen Schnitt und einer Schrägung von 42° zu. Schneiden Sie die Seiten mit rechtwinkligen Schnitten zu gleichschenkligen Dreiecken zu. Schrägen Sie jeweils die dritte Seite 48° ab. Jetzt schneiden Sie jeweils eine lange Seite zur Hälfte 3 mm tief mit einer Schrägung von 42° ab, so daß ein Schlitz für die obere Flosse entsteht.

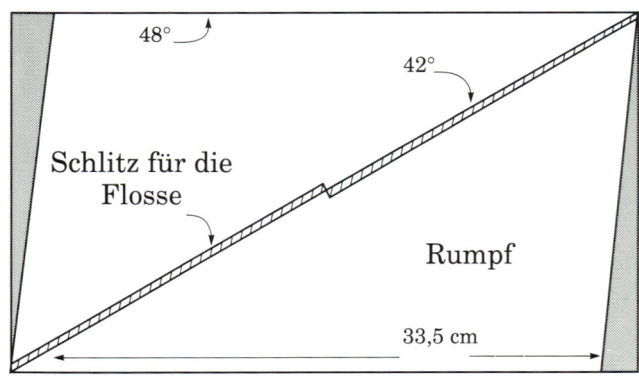

Schritt drei Schneiden Sie eine Flosse in Drachenform und ein 15,5 x 12 x 12 cm großes Dreieck aus den Sperrholzresten zu. (Die gepunktete Linie zeigt, wo der Kleber beim Verkleben mit dem Rumpf aufgetragen wird.) Alle Kanten werden rechtwinklig geschnitten.

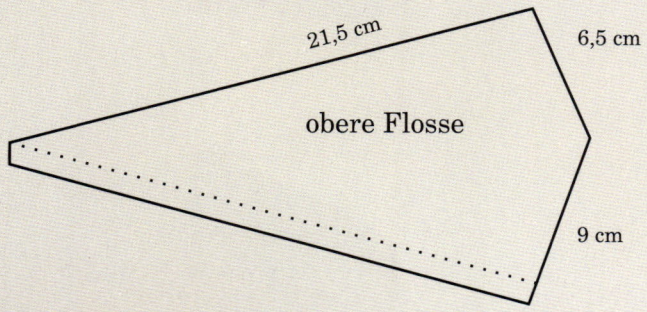

21,5 cm 6,5 cm

obere Flosse

9 cm

Schritt vier Tragen Sie an jeder Kante, die miteinander verbunden werden muß, den Kleber großzügig auf, wenn Sie den Rumpf mit der Grundplatte verbinden. An die Seiten können Gewichte gelehnt werden, während die Spitze mit Gummibändern zusammengehalten wird. Lassen Sie alles gut trocknen, kleben Sie dann die obere Flosse in den Schlitz und den dreieckigen Schallschirm in den Rumpf.

Schritt fünf Schneiden Sie drei 1,5 x 12,5 cm große Streifen aus den Sperrholzresten, und zwar auf Gehrung zu, und kleben Sie sie auf das hintere Ende der Grundplatte. So entsteht ein Rand für das Futtertablett.

Schritt sechs Schneiden Sie das PVC-Stück halb durch, so daß zwei Radarschüsseln entstehen. Bohren Sie in jede ein Loch von 1 cm Durchmesser. Spitzen Sie die Enden der Rundhölzer mit einem Bleistiftanspitzer an. Kleben Sie die Radarschüsseln an zwei der Rundhölzer, und befestigen Sie die Rundhölzer mit Silicon an dem Shuttle. Dichten Sie alle anderen Verbindungsstellen mit Silicon ab, nachdem die Rundhölzer getrocknet sind. Grundieren und lackieren Sie das Futterhäuschen mit wetterfester Farbe. Das Häuschen kann aufgehängt oder auf einem Pfosten befestigt werden.

LEUCHTTURM-RESTAURANT

Wenn Sie an der Küste wohnen, könnte dieses Futterhaus das perfekte Zierstück für Ihren Garten sein. Vielleicht möchten Sie sogar ein echtes Leuchtfeuer einbauen, das zusätzliche Insektenimbisse für Nachtvögel anlockt.

Material

- 1 Stück Kiefernholz, 2 x 16,5 x 53 cm
- 2 Stück Zedern- oder Rotholz, 1 x 9 x 53 cm
- 2 Stück Zedern- oder Rotholz, 1 x 7,5 x 25,5 cm
- 1 Stück Kiefernholz, 2 x 10 x 37 cm
- 2 Stück Sperrholz, 0,5 x 7,5 x 37 cm
- 2 Plexiglasscheiben, 9 x 25 cm
- 1 PVC-Rohr von 7,5 cm Durchmesser, 48 cm lang
- 1 Block aus Kiefernholz, 10 x 10 x 10 cm
- 3 Rundhölzer von 0,5 cm Durchmesser, 6,5 cm lang
  Reste von Kunststoffverpackungen oder Flaschenverschlüsse
  Fliegengitterrest
  Schindeln
  Kleber und verschiedene Nägel
- 4 Holzschrauben, 40 mm lang

Schritt eins Schrägen Sie die beiden langen Kanten der 16,5 x 53 cm großen Kieferngrundplatte 45° ab. Kleben und nageln Sie die beiden 9 x 53 cm großen Seitenteile an diese abgeschrägten Kanten. Schmirgeln Sie die beiden kurzen Enden bündig ab, bevor Sie die Endteile an diese Enden kleben und festnageln. Schneiden und schmirgeln Sie überstehendes Material ab, wenn der Leim trocken ist. Dieses Tablett fängt überschüssiges Futter auf, könnte jedoch auch eine breitere Grundplatte mit einem Leistenrand sein.

Schritt zwei Schneiden Sie zwei 12,5 cm große Blöcke aus dem 2 x 10 cm großen Kiefernholzstück. Schneiden Sie die Stücke oben für den First verjüngend zu. Schneiden Sie aus dem Reststück drei sich verjüngende, 9 cm lange Streben parallel zur Maserung mit demselben Dachneigungswinkel zu. Kleben und nageln Sie die beiden 0,5 cm starken Dachstücke auf diese drei Streben. Der Abstand sollte (wie das Foto es zeigt) so gewählt werden, daß sie später jeweils innen an den aufrechten Blöcken anliegen.

Schritt drei Sie können selbst Schindeln aus 3 mm dickem Holz zuschneiden oder Schindeln für Puppenhäuser kaufen. Bestreichen Sie die Dachstücke mit Silicon, und kleben Sie die Schindelreihen jeweils von unten nach oben auf.

Schritt vier Schneiden Sie zwei 1 cm tiefe Rillen in die aufrechten Blöcke bis auf die beiden letzten unteren Zentimeter. In diese Rillen werden die Plexiglasscheiben eingeschoben. Schneiden und stemmen Sie in die Außenseite eines Blocks eine Einbuchtung für das PVC-Rohr von 7,5 cm Durchmesser. Mit einer Lochsäge schneiden Sie durch diesen Block ein 4 cm großes Loch in das PVC-Rohr ein, während beide Teile nebeneinander stehen. Kleben Sie Block und Rohr zusammen, und verschrauben Sie beides. Schneiden Sie drei Löcher von 2,5 cm Durchmesser, die sich als Futterstationen spiralenförmig um den Zylinder hochziehen, ein, dann jeweils 2,5 cm darunter ein 0,5 cm großes Loch.

Schritt fünf Kleben Sie Zylinder und Block 7,5 cm vom Ende des Tabletts entfernt ein, und schrauben Sie das Ganze von unten mit zwei Holzschrauben durch den Block fest. Befestigen Sie den anderen Block genauso, wobei Sie das Plexiglas einschieben, um den Abstand zu bestimmen. Entfernen Sie das Plexiglas, schneiden Sie zwei Drainagelöcher von 1 cm Durchmesser zwischen den Blöcken ein und kleben Sie Fliegengitterkreise darüber. (Auf dem Foto sind Dübel für die Ausrichtung des Daches sichtbar. Diese können jedoch auch weggelassen werden.) Schneiden Sie eine Abrundung in das Dach, damit es um den Zylinder herum paßt.

Schritt sechs Dieses Leuchtfeuer wurde aus einem 10 cm großen Holzwürfel auf der Drehbank gedrechselt. Eine weitere Möglichkeit wäre das Verbinden konzentrischer Holzkreise mit dem quer zugeschnittenen Ring einer Kunststofflasche in der Mitte. Der Boden muß wie ein Pfropfen genau in den Zylinder passen.

Schritt sieben Wenn die ganze Konstruktion bemalt wurde, können die Rundholz-Sitzstangen eingeklebt werden. Teile von abgerundetem Verpackungsmaterial aus Kunststoff können mit Silicon oder Epoxydharz unter die Futterlöcher geklebt werden. Sie können auch Flaschenverschlüsse in diese Löcher kleben, die man in den Wintermonaten mit Talg füllen kann.

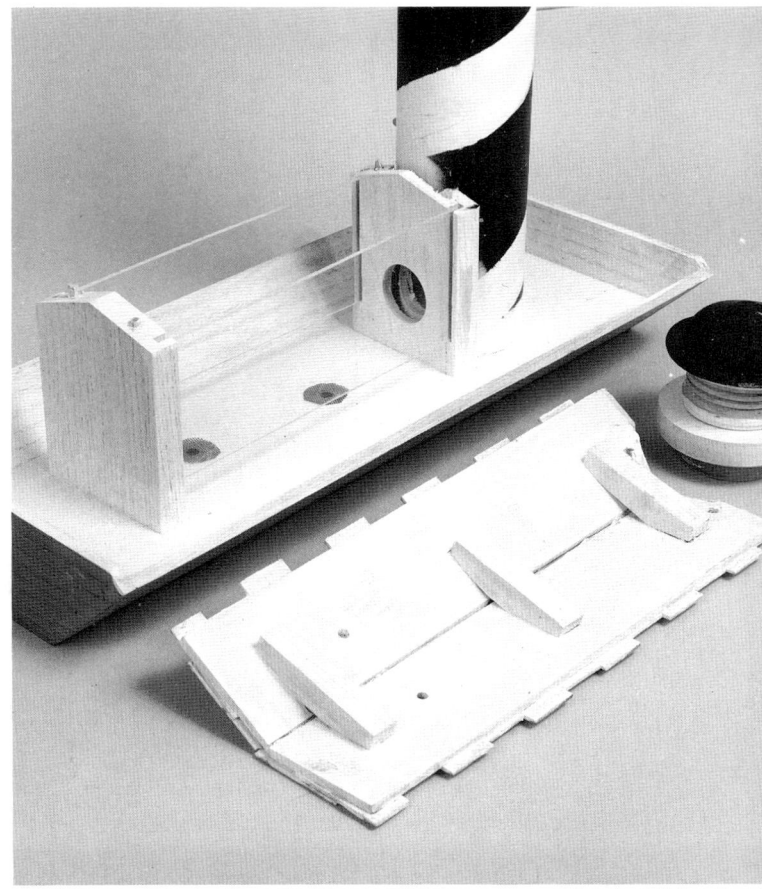

TROPISCHE INSEL

Ihre gefiederten Gäste können nach einem Bad in diesem Tropenparadies einen Happen zu sich nehmen. Wenn Sie das Ganze mit etwas Reggae oder Calypso untermalen, werden sie vielleicht nie mehr wegfliegen wollen.

Material

- 1 Stück Kiefernholz, 2 x 30 x 35,5 cm
- 1 Stück Kiefernholz, 2 x 21,5 x 27 cm
- 2 Stück Kupferrohr von 15 mm Durchmesser, 33 cm lang
- 6 Styropor-Kugeln von 25 mm Durchmesser
- 6 Büroklammern
  Aluminiumblechreste
- 2 Holzschrauben, 35 mm
  durchsichtiges Silicon

Schritt eins Schneiden Sie mit einer Laub-, Stich- oder Bandsäge aus beiden Kiefernholzstücken ein unregelmäßiges Oval aus. Wenn Sie einen natürlich geformten Strand und Grün wünschen, runden Sie die oberen Kanten dieser Stücke mit einem Hobel, einer Schleifmaschine oder von Hand ab. Schneiden Sie aus der Mitte des kleineren Stücks einen 12,5 cm großen Kreis aus, der das Futter aufnimmt. Mit etwas Silicon und Holzschrauben verbinden Sie die beiden Stücke.

Schritt zwei Biegen Sie die beiden Kupferrohre leicht zu zwei gekrümmten Palmenstämmen. Mit einer Blechschere schneiden Sie die Palmwedel aus dem Aluminiumblech zu. Die Stengel, die mit Silicon in die Rohre geklebt werden, sollten 1 x 2,5 cm groß sein. Biegen Sie je ein Ende der Büroklammern auf und stecken Sie diese geraden Enden in die Styroporkugeln, bis das Ende mit der Öse bündig abschließt. Diese Drahtstücke werden zusammen mit den Stengeln der Palmwedel in die Rohre gesteckt. Lackieren Sie Stämme, Wedel und Kokosnüsse, bevor Sie sie mit Silicon zusammenkleben.

Schritt drei Bohren Sie zwei 1,5 cm große Löcher schräg in die Insel. Kleben Sie die Bäume mit Silicon in die Löcher, und lassen Sie alles trocknen. Lackieren Sie die Insel gut, um sie vor Fäulnis durch das Wasser zu schützen. Sie können die Insel einfach in einer Vogeltränke frei herumschwimmen lassen oder sie auf einen Ziegelstein stellen.

FUTTER FÜR DIE SEGELTOUR

Nicht nur Möwen werden dieses Proviantschiff umkreisen und auf den Fang des Tages warten. Hängen Sie ein paar Beutel mit Distelsamen über die Seiten, füllen Sie den Laderaum mit leckeren Krumen, und ziehen Sie die Flaggen hoch, die »gutes Futter« signalisieren.

Material

1 Stück Kiefernholz, 2 x 10 x 61 cm
1 Stück Kiefernholz, 2 x 6,5 x 9,5 cm
1 Stück Kiefernholz, 0,5 x 2,5 x 18 cm
1 Stück Kiefernholz, 2 x 5 x 10 cm
6 Stück Pappelholz, 0,5 x 4,5 x 63,5 – 72,5 cm
   Leistenrest von 5 mm Stärke
1 Rundholz von 1,5 cm Durchmesser,
   91,5 cm lang
1 Rundholz von 0,5 cm Durchmesser,
   42,5 cm lang
2 Rundhölzer von 0,5 cm Durchmesser,
   33 cm lang
1 Rundholz von 0,5 cm Durchmesser, 28 cm lang
1 Rundholz von 0,5 cm Durchmesser, 18 cm lang
5 Rundhölzer von 0,5 cm Durchmesser, 9,5 cm
   lang
4 Ringschrauben
   Nylonschnur
   Leinwand, 18 x 33 cm
   Spielzeugeimer, Anker und Kette
3 Fliegengitter von 2,5 cm Durchmesser
   Kleber und verschiedene Nägel

Schritt eins Schneiden Sie den gekrümmten Boden des Laderaums überall mit einer Schrägung von 80° zu. Schneiden Sie den Achtersteven wie auf der Zeichnung abgebildet zu. Die 7,5 cm breite Unterkante sollte 80° abgeschrägt werden. Kleben Sie den Achtersteven auf den Boden des Laderaums, und lassen Sie alles gut trocknen.

Schritt zwei Beide Enden des 18 cm langen Vorderstevens sollten parallel verlaufend in einem Winkel von 45° zugeschnitten werden. Schrägen Sie je ein Ende von zwei 4,5 x 63,5 cm langen Streifen 45° ab, und schrägen Sie die Innenseiten dieser Kanten leicht ab, um sie mit

dem Vordersteven zu verbinden. Tragen Sie reichlich Kleber auf den unteren Bereich des Achtersteven, die Unterkanten des Laderaums und auf den unteren Bereich des Vorderstevens auf. Nageln Sie die Planken am Achtersteven

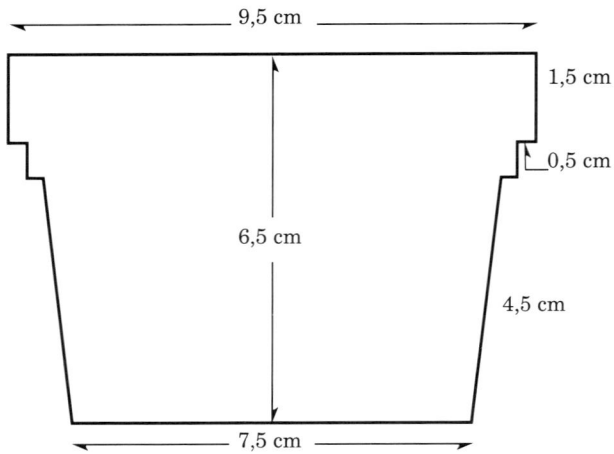

fest, und klemmen Sie sie an den Vordersteven, der auf den Boden des Laderaums geklebt wird. Lassen Sie alles trocknen.

Schritt drei Schmirgeln Sie die Bugverbindung spitz zulaufend ab, bevor Sie die nächsten Planken befestigen. Kleben, nageln, klemmen Sie alles fest, und lassen Sie es trocknen. Schmirgeln Sie die neue Bugverbindung ab, bevor Sie die letzten Planken befestigen. Wenn alles trocken ist, schmirgeln Sie den Bug ab und schneiden Sie die Oberkanten bündig mit dem Achtersteven zu.

Schritt vier Kleben Sie den 5 x 10 cm großen Block mittig 38 cm vom Achtersteven entfernt auf den Schiffsboden. Kleben Sie eine Strebe, die Sie aus den 5 mm starken Resten schneiden, darüber, so daß sie auf den mittleren Planken aufliegt. Wenn Sie möchten, können Sie den Bug mit zwei dreieckigen Reststücken abtrennen.

Schritt fünf Bohren Sie ein Loch von 1,5 cm Durchmesser durch die mittlere Strebe und in den Block, um den Mast zu stützen. Bohren Sie drei 5 mm große Drainagelöcher in den Boden, und kleben Sie Fliegengitter darüber. Bohren Sie ein 5 mm großes Loch in den Vordersteven, um den 18 cm langen Bugspriet zu stützen. Bohren Sie ein 5 mm großes Loch in die Ecken des Achtersteven und zu beiden Seiten der mittleren Strebe, um die 9,5 cm langen Pfosten für die Persenning aufzunehmen. Kleben Sie all diese Rundhölzer ein.

Schritt sechs Bohren Sie in 19 cm Höhe für den 42,5 cm langen Baum ein Loch von 5 mm Durchmesser durch den Mast. Bohren Sie ein gleich großes Loch 7,5 cm unterhalb der Mastspitze für die 9,5 cm lange Rahnock und ein wei-

teres Loch 24 cm unterhalb der Mastspitze für die 28 cm lange Rahnock. Kleben Sie diese Rundhölzer ein. Schrauben Sie neben jeder Stütze für die Persenning eine Ringschraube ein, und takeln Sie das Schiff mit der Nylonschnur auf.

Schritt sieben Kleben Sie die langen Kanten der Leinwand je um ein 33 cm langes Rundholz. Lassen Sie alles trocknen, und befestigen Sie es dann über dem Baum. Die Rundhölzer können entweder an die Persenningpfosten gebunden oder direkt angeklebt werden. Befestigen Sie dieses Futterhaus auf einem Pfosten.

VIKTORIANISCHES GARTENHÄUSCHEN

Nichts ist mit dem Charme der Architektur um die Jahrhundertwende vergleichbar. Dieses Futterhäuschen kann als attraktiver Mittelpunkt eines formell angelegten Gartens dienen, der gleichzeitig bunte Vögel anlockt.

Material

  1 Stück Kiefernholz, 2 x 28,5 x 28,5 cm
  1 Stück Kiefernholz, 2 x 25 x 25 cm
  4 gleichschenklige Dreiecke von 23 cm Seitenlänge aus 1,5 cm starkem Sperrholz
  1 Rundholz von 0,5 cm Durchmesser, 11,5 cm lang
  1 Rundholz von 1 cm Durchmesser, 20 cm lang
  1 Rundholz von 3 mm Durchmesser, 14 cm lang
 10 Holzperlen von 15 mm Durchmesser
  4 Kiefernholzpfosten, 2 x 2 x 14 cm
  4 Kiefernblöcke, 2 x 2,5 x 2,5 cm
  4 Stück Kiefernholz, 1,5 x 2 x 20 cm
  4 Leisten, 0,5 x 4 x 29,5 cm
  3 Stück Leistengeländer, 0,5 x 2 x 21,5 cm
 18 Stück Leistenstreben, 0,5 x 0,6 x 7,5 cm
  8 Leistenverzierungen, 0,5 x 2 x 7 cm
     Puppenhausschindeln
     Aluminiumblechrest
     Durchsichtiges Silicon und verschiedene Nägel

Schritt eins Schneiden Sie die beiden Grundplatten aus Kiefernholz zu, und schmirgeln Sie sie ab. Schneiden Sie mit einer Stichsäge in die Mitte der kleineren Platte einen 12,5 cm großen Kreis und schmirgeln Sie ihn rundherum ab.

Schritt zwei Schneiden Sie die 14 cm langen quadratischen Pfosten zu, und schneiden Sie sie dann quer zu einem 7,5 und einem 6,5 cm langen Stück durch. Als nächstes schneiden Sie die vier 1,5 cm starken Teile von je 20 cm Länge zu. Diese werden mit den Stoßkanten aneinander verbunden und bilden den oberen Rahmen, der das Dach trägt. Danach schneiden Sie aus einem 12,5 cm langen und 2 cm starken Stück 1,5 cm breite Teile zu und schließlich vier 1,5 cm große Blöcke, die auf den Pfosten befestigt werden.

Schritt drei Schneiden Sie vier 29,5 cm lange Leisten auf Gehrung. Sie bilden den Rand der Grundplatte. Als nächstes schneiden Sie drei 21,5 cm lange Leistenstücke auf eine Breite von 2 cm für das Geländer zu. Schneiden Sie alle Enden bis auf die beiden Enden, die an der Öffnung vorn mit den Pfosten verbunden werden, auf Gehrung. Aus einem 33 cm langen Stück derselben Leiste schneiden Sie vier 0,5 cm starke Teile und dann ein fünftes Teil aus dem Stück, das das vierte 2 x 21,5 cm große Geländer gewesen wäre. Schneiden Sie dieses Teil in achtzehn 7,5 cm lange Streben.

Schritt vier Messen Sie alles ab. Kleben Sie die vier 7,5 cm langen Eckpfosten fest und befestigen Sie dann die drei Geländer oben mit Kleber. Verkeilen Sie jetzt die Streben, und kleben Sie sie fest. Lassen Sie den Leim trocknen. Verstärken Sie die Eckpfosten von unten mit einem Nagel oder einer Schraube. Kleben Sie diese Konstruktion dann auf die Grundplatte, und nageln Sie sie von oben fest. Die Maserungen sollten rechtwinklig zueinander verlaufen. Kleben und nageln Sie den auf Gehrung geschnittenen Leistenrand außen herum auf. In jede Ecke kann ein kleines Drainageloch gebohrt werden.

Schritt fünf Kleben Sie die 1,5 x 1,5 cm großen Blocks auf die 6,5 cm langen oberen Pfosten. Kleben und nageln Sie den Dachrahmen mit Stoßkanten aneinander. Lassen Sie alles trocknen. Bohren Sie Löcher von 1 cm Durchmesser jeweils 1,5 cm tief in die Mitte der oberen und unteren Pfostenabschnitte. Schneiden Sie das 1 cm starke Rundholz in vier Stücke von 5 cm Länge, schieben Sie auf jedes Stück je zwei Perlen, und verbinden Sie alle Pfostenteile mit Leim. Solange der Leim noch feucht ist, passen Sie den Dachrahmen über den Pfosten an und kleben ihn an den vier Pfosten fest.

Schritt sechs Zwei der drei Seiten aller 23 cm langen Dachdreiecke können abgeschrägt werden, damit alles besser paßt. Lehnen Sie diese Dachstücke zusammen und verbinden Sie sie mit Silicon. Lassen Sie alles trocknen, und kleben Sie das Dach dann auf den Dachstuhl.

Schritt sieben   Spitzen Sie ein Ende des 0,5 cm starken Rundholzes an. Bohren Sie rechtwinklig zueinander stehende Löcher von 0,3 cm Durchmesser durch die Mitte dieses Rundholzes, und schieben Sie zwei 7 cm lange Stücke des 3 mm starken Rundholzes durch die Löcher. Kleben Sie die Rundhölzer ein. Schneiden Sie die Buchstaben N, O, W und S aus Aluminiumblech aus, und kleben Sie sie an die Enden dieser dünnen Rundhölzer. Kleben Sie zwei Perlen, in die Löcher von 0,5 cm Durchmesser vorgebohrt wurden, von beiden Seiten auf das dickere Rundholz, so daß die dünneren sich dazwischen befinden.

Schritt acht   Mit einer Laub- oder Bandsäge schneiden Sie acht Schnörkelverzierungen aus

Leistenholz. Sie können nach dem Bemalen eingeklebt werden. Bohren Sie ein 0,5 cm großes Loch in die Dachspitze, und kleben Sie die Wetterfahne in dieses Loch.

Schritt neun   Tragen Sie nacheinander Silicontropfen auf die Dachteile auf, die sich jeweils gegenüberliegen, und befestigen Sie die einzelnen Schindelreihen von unten nach oben. Lassen Sie alles trocknen, und schneiden Sie dann die Schrägkanten von unten nach oben mit einer Laubsäge zurecht. Befestigen Sie die Schindeln auf den beiden anderen Dachplatten, lassen Sie alles trocknen, und schneiden Sie die Kanten zurecht. Bemalen Sie das Futterhäuschen nach Wunsch. Tragen Sie zwei Schichten Polyurethan auf die Dachschindeln auf.

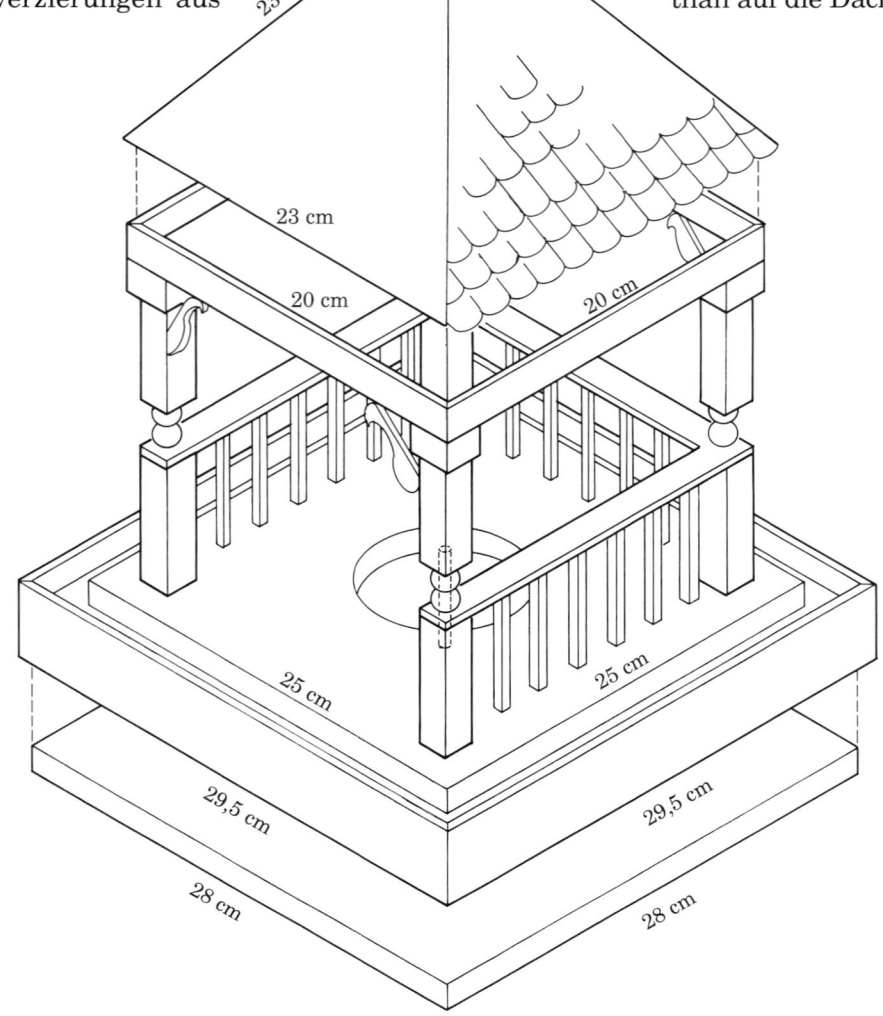

BURGFRIED

Dieses Vogelhaus weist alle Annehmlichkeiten auf: Haus, Tränke auf dem Dach und Futterstellen an den Türmen, was wieder einmal beweist, daß das Heim eines Vogels seine Burg ist. Erfreuen Sie Ihre gefiederten Freunde mit diesem mittelalterlichen Wunderding.

Material

- 4 Stück Kiefernholz, 2 x 30 x 25 cm
- 2 Stück Kiefernholz, 2 x 21,5 x 21,5 cm
- 4 Stück Kiefernholz, 2 x 12,5 x 51 cm
- 4 Leisten, 0,5 x 4 x 52 cm
- 4 Stück PVC-Rohr von 5 cm Durchmesser, 30 cm lang
- 1 Kunststofftablett, 19 x 19 cm
- 8 Stück Kiefernholz, 1,5 x 1,5 x 21,5 cm
- 4 Kiefernholzkreise von 2 cm Stärke und 9 cm Durchmesser
- 4 Kiefernholzkreise von 2 cm Stärke und 4 cm Durchmesser
- 33 Kiefernblöcke, 2 x 2 x 3 cm
- 1 Kieferntür, 8 x 12 cm
- 4 Stück Rundholz von 0,5 cm Durchmesser, 16 cm lang
- Aluminiumblechrest
- 4 kleine Ringschrauben
- 1 Kette, 23 cm lang
- 1 Drahtgitter, 9 x 11 cm
- Kleber und verschiedene Nägel

Schritt eins Es sollte angemerkt werden, daß die Größe der Burg entsprechend der Größe des Tabletts (oder der Backform) für das Dach angepaßt werden kann. Wählen Sie daher als erstes die Vogeltränke aus.

Schritt zwei Schneiden Sie die 30 cm großen Kiefernplatten zu einer Länge von 25,5 cm (oder passend zur Größe eines anderen Tabletts) auf Gehrung. Sie bilden die Burgmauern. Schneiden Sie in die Oberkanten quadratische Kerben als Zinnen ein. Schneiden Sie die acht 21,5 x 1,5 cm großen Kiefernstücke auf Gehrung, so daß sie oben und unten ins Innere der Burgmauern passen. Kleben und nageln Sie die untere Leiste 2 cm oberhalb des unteren Mauerrands fest.

Schritt drei Kleben und nageln Sie die vier Wandteile zusammen. Schneiden Sie die beiden 21,5 x 21,5 cm großen Teile aus 2 cm dickem Kiefernholz zu. Kleben und nageln Sie eine dieser Platten 1,5 cm unterhalb der Zinnenausschnitte ein. Kleben und nageln Sie die vier übrigen auf Gehrung geschnittenen Leisten von 1,5 x 1,5 x 21,5 cm Größe über dieser Platte fest.

Schritt vier Schneiden Sie das PVC-Rohr in vier 30 cm lange Stücke. Schneiden Sie an jeweils einem Ende der Rohre eine 1,5 x 4 cm große Kerbe ein. Bohren Sie Löcher vor, und schrauben Sie jedes Rohr oben und unten, vorne und hinten an den Ecken der Mauern fest.

Schritt fünf Schneiden Sie vier auf Gehrung geschnittene 12,5 x 51 cm große Planken aus 2 cm dickem Kiefernholz zu. Diese bilden den blauen Burggraben. Kleben und nageln Sie diese Planken von der unteren Innenkante der Burgmauern aus fest. Kleben und nageln Sie die Leisten um den Rand herum fest. Schließlich befestigen Sie die 21,5 cm große Grundplatte an Ort und Stelle mit Leim und winklig eingeschlagenen Nägeln.

Schritt sechs Schneiden Sie vier Sternformen mit fünf Spitzen aus den Kiefernkreisen von 9 cm Durchmesser und 2 cm Stärke zu. Schneiden Sie außerdem vier Kreise von 4 cm Durchmesser aus 2 cm starkem Kiefernholz zu. Von den 33 Blöcken von 3 cm Länge kleben Sie jeweils fünf auf jeden Stern. Kleben und schrauben Sie die 4 cm großen Kreise darunter. Bohren Sie von oben Löcher von 0,5 cm Durchmesser in die Mitte hinein. Diese nehmen die Fahnenstangen auf.

Schritt sieben Schneiden Sie die vier Rundholzstücke von 0,5 cm Durchmesser zu. Kerben Sie ein Ende mit einer feingezahnten Laubsäge ein. Schneiden Sie längliche Dreiecke aus Aluminiumblech zu und stecken Sie diese als Flaggen in die Kerben. Kleben Sie die Flaggen ein.

Schritt acht Schneiden Sie eine 8 x 12 cm große Tür aus 2 cm dickem Kiefernholz zu, und runden Sie ein Ende ab. Kleben und nageln Sie

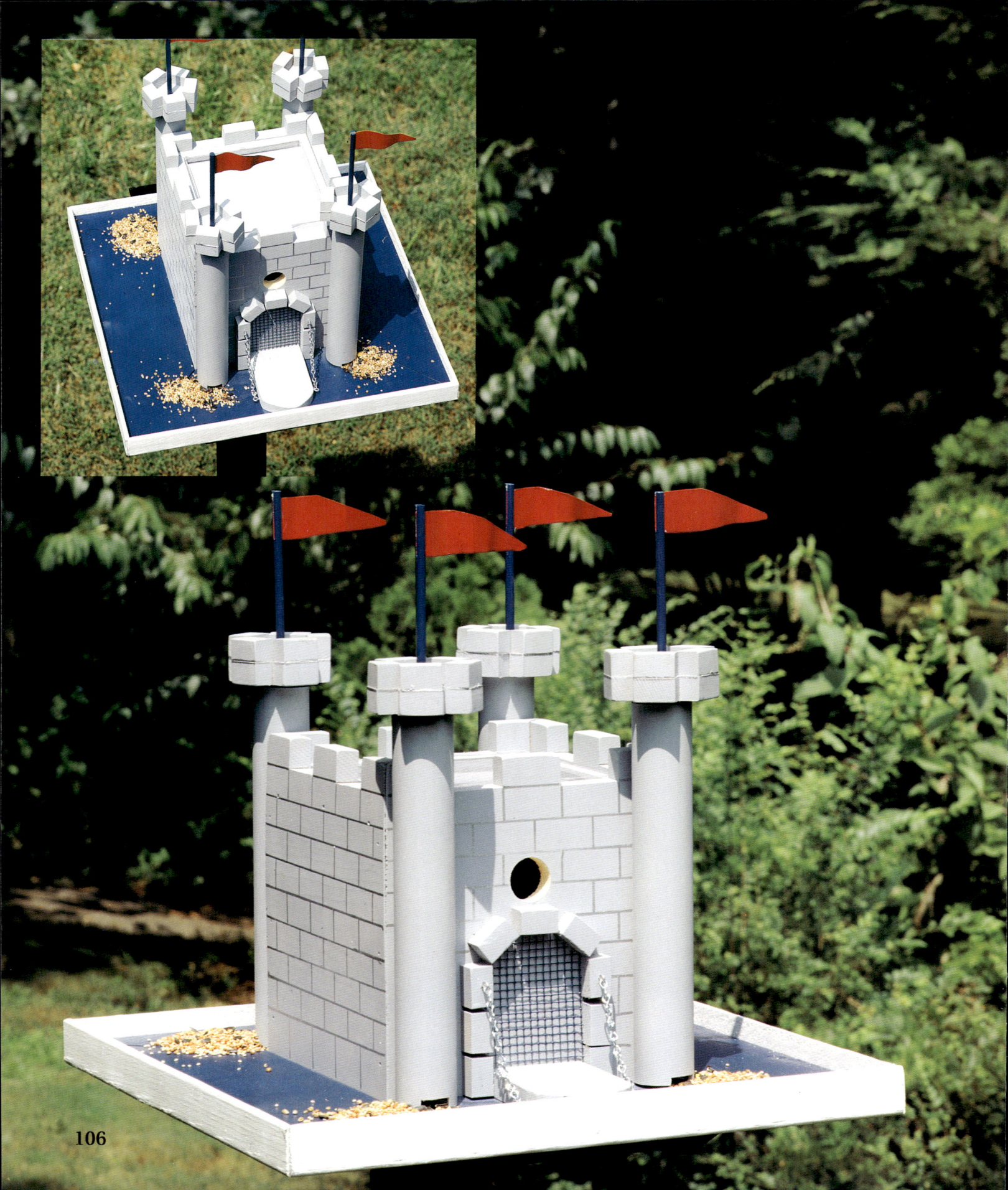

106

die Tür fest. Die noch verbliebenen neun Blöcke werden um den Eingang herum aufgenagelt. Nachdem diese bemalt wurden, werden das Drahtgeflecht und die Ringschrauben mit der Kette installiert. Bohren Sie das Flugloch über dem Tor ein.

Schritt neun Bemalen Sie das Ganze nach Wunsch. Die Fugen können mit einem feinen Filzstift aufgemalt werden. Zum Nachfüllen des Futters werden die Turmspitzen entfernt. In den Burggraben können Drainagelöcher gebohrt werden.

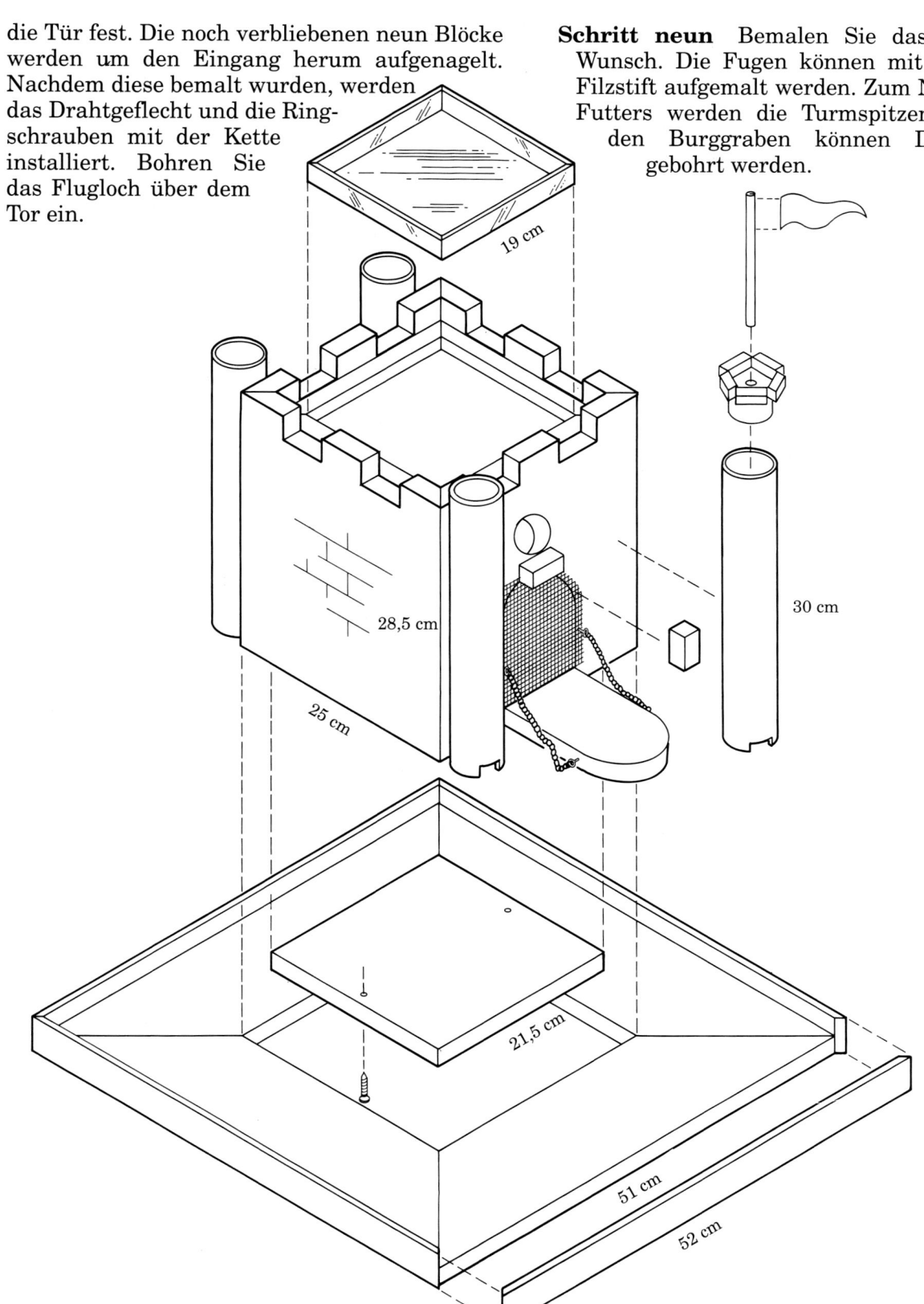

19 cm

28,5 cm

25 cm

30 cm

21,5 cm

51 cm

52 cm

KÜCHEN-KARUSSELL

Bunte Tiere, die um ein Futterhaus kreisen – wie könnte da ein hungriger Vogel widerstehen? Die gesattelten Tiere könnten übrigens auch alle Arten von Vögeln darstellen. Vielleicht möchten Sie dieses spektakuläre Futterhaus lieber in der Wohnung aufstellen und für sich selbst mit Nüssen und Süßigkeiten füllen.

Material

- 2 Stück Mahagoni-Sperrholz,
  1,5 x 40,5 x 40,5 cm
- 8 Stück Rundholz von 1,5 cm Durchmesser,
  18 cm lang
- 1 Stück Rundholz von 1,5 cm Durchmesser,
  33 cm lang
- 8 Stück Rundholz von 0,5 cm Durchmesser,
  18 cm lang
- 1 Stück Rundholz von 0,5 cm Durchmesser,
  5 cm lang
- 8 Sperrholzdreiecke von 0,5 cm Stärke,
  17 x 24 x 24 cm
- 8 Stück Mahagoni-Sperrholz, 0,5 x 3,5 x 17 cm
- 8 Stück Mahagoni-Sperrholz, 0,5 x 9 x 9,5 cm
- 8 Stück mittelstarkes Acryl-Sicherheitsglas,
  10 x 13,5 cm
- 8 Zierleisten, 1,5 x 1,5 x 16 cm
- 1 Holzperle von 35 mm Durchmesser
- 1 Holzperle von 1 cm Durchmesser
  Zahnstocher
  Kleber

Schritt eins Schneiden Sie zwei gleich große gleichseitige Achtecke aus den 40,5 x 40,5 cm großen Sperrholzplatten zu. Zeichnen Sie auf beiden Teilen die vier Schnittlinien von allen sich gegenüberliegenden Ecken ein. Markieren Sie 11 cm von diesen Ecken aus einen Punkt auf allen acht Speichen, um den Mittelpunkt der Stützpfeiler zu bestimmen. Auf einem Achteck markieren Sie vier weitere Schnittlinien zwischen den Mittelpunkten aller Kanten. Markieren Sie auf diesen Linien je einen Punkt 7,5 cm von der Kante entfernt, um die Stelle für die Tierpfosten zu bestimmen.

Schritt zwei Legen Sie die beiden Achtecke so aufeinander, daß die Platte, die mehr Linien hat, oben liegt. Bohren Sie für die Stützpfosten Löcher von 1,5 cm Durchmesser durch beide Teile. An den Stellen, die für die Tierpfosten bestimmt sind, bohren Sie Löcher von 0,5 cm Durchmesser. Bohren Sie ein Loch von 1,5 cm Durchmesser in die Mitte eines der Achtecke. Mit einem Zirkel markieren Sie einen Kreis von 15 cm Durchmesser in der Mitte des anderen Achtecks und schneiden ihn mit einer Stichsäge aus.

Schritt drei In alle acht Stützpfeiler müssen zwei 3 mm tiefe Rillen eingeschnitten werden, die in einem Winkel von 135° zueinander stehen. Die Zeichnung zeigt eine Spannvorrichtung, die diese beiden Schnitte erleichtert. Füllen Sie die unteren Enden dieser Rillen mit Zahnstochern von 32 mm Länge aus. Sie werden bündig mit dem Boden eingeklebt und dienen als Sperre für die Acrylscheiben.

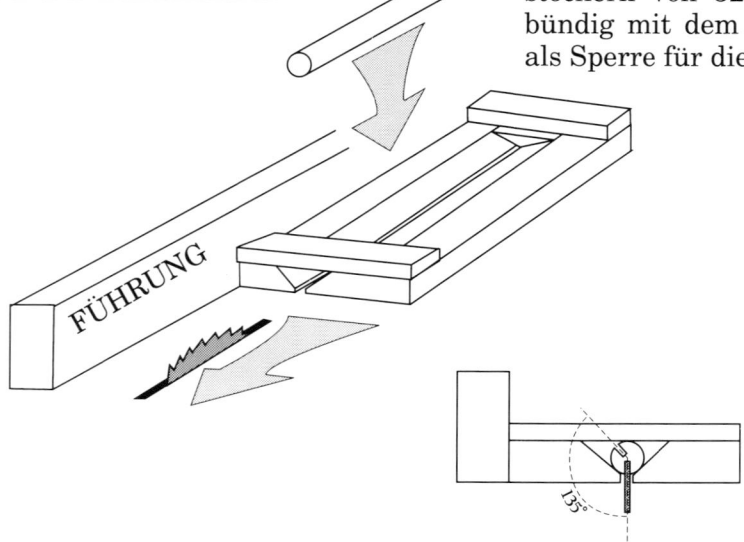

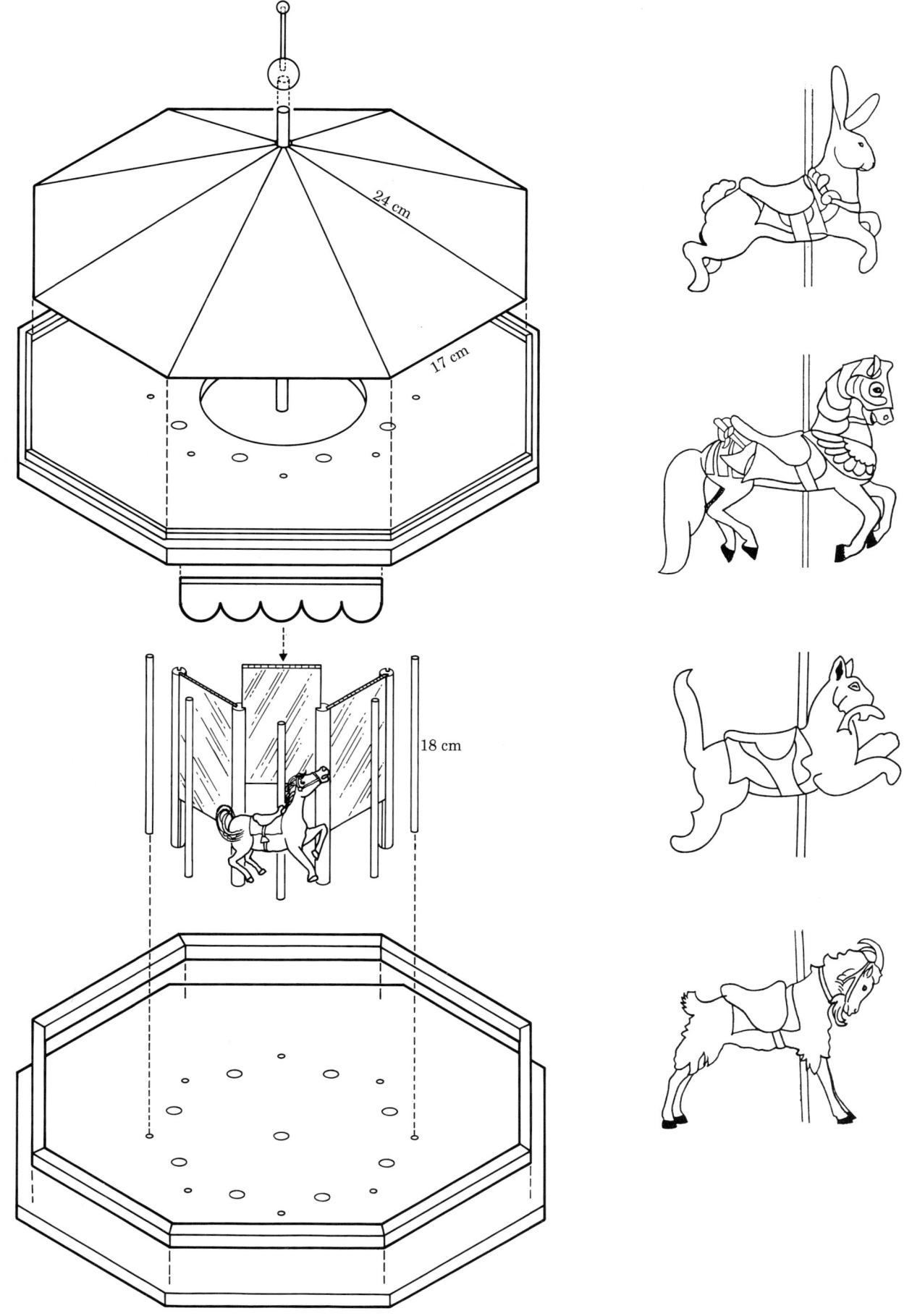

24 cm

17 cm

18 cm

Schritt vier Der Rand des unteren Achtecks kann aus 1,5 cm dickem Holz hergestellt werden – quadratisch oder abgerundet, halbrund oder in einer anderen Form. Schneiden Sie die Enden auf 67,5° zu, und kleben Sie die Leisten am Rand auf. In jeweils eine Kante der 3,5 x 17 cm großen Teile schneiden Sie fünf abgerundete Longetten. Schrägen Sie die Enden 67,5° ab, und kleben Sie sie um den Rand des anderen Achtecks herum. (Die oberen Kanten sollten bündig abschließen, wenn Sie das Karussell draußen aufstellen wollen, da die Drainage dann eine Rolle spielt.) Schneiden Sie die 9 x 9,5 cm Streifen mit demselben Winkel zu, und kleben Sie sie als Verzierung auf.

Schritt fünf Bemalen Sie alle Rundhölzer und beide Achtecke bis auf die 1,5 cm langen Enden der Rundhölzer, die eingeklebt werden, bevor Sie alles zusammenbauen. Die Acrylscheiben können mit einem preiswerten Kunststoffschneider mit gerader Kante zugeschnitten werden. Kleben und hämmern Sie alle Rundhölzer in das untere Achteck. Setzen Sie dabei die Acrylscheiben ein, damit die Stützpfosten ausgerichtet werden können, bevor der Leim trocknet. Die Rundhölzer müssen auch alle in das obere Achteck gesteckt und festgehämmert werden, bevor der Leim trocknet. Lassen Sie jetzt alles gut trocknen.

Schritt sechs Schrägen Sie je eine lange Kante aller Dreiecke für das Dach 70° ab. Legen Sie die Teile Kante an Kante auf Klebestreifen, wobei die Schrägung nach oben zeigt. Geben Sie einen großzügigen Tropfen Kleber auf jede Verbindungsstelle, legen Sie die Teile zu einem Kegel zusammen, und halten Sie die letzte Verbindungsnaht mit einem Klebestreifen zusammen. Lassen Sie das Ganze trocknen. Anschließend bohren Sie von unten ein 1,5 cm großes Loch in die Spitze. Kleben Sie den Mittelpfosten von 1,5 cm Durchmesser auf die Grundplatte. Überprüfen Sie, wie das Dach über diesen Pfosten paßt, schneiden Sie, falls notwendig, nach, und schmirgeln Sie alle Kanten und Verbindungsstellen ab.

Schritt sieben Bohren Sie ein 1,5 cm großes Loch zu etwa Dreiviertel in die größere Holzperle hinein. Bohren Sie ein 0,5 cm großes Loch

in das obere Ende und in die kleinere Perle. Leimen Sie die Perlen und das 5 cm lange Rundholz zusammen, und kleben Sie diese Konstruktion dann auf die Dachspitze. Bemalen Sie Dach und Spitze. Auf die Spitze kann noch ein Wimpel geklebt werden.

Schritt acht Schneiden Sie die Tiere nach den Vorlagen oder eigenen Vorstellungen mit einer Laub- oder Bandsäge aus 0,5 cm starkem Sperrholz zu. Bemalen Sie sie nach Wunsch, und kleben Sie sie an die Pfosten.

VOGEL-TRÄNKEN

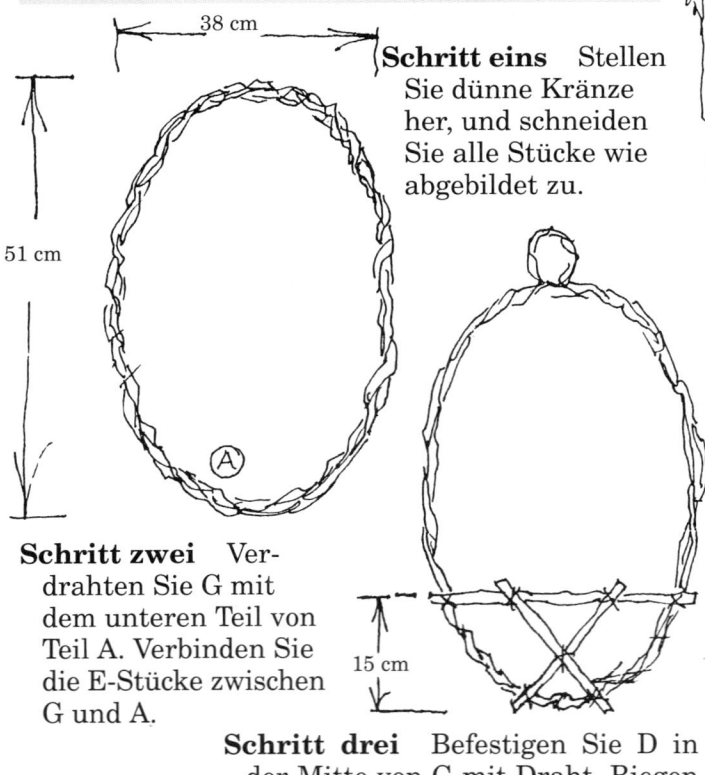

Schritt eins Stellen Sie dünne Kränze her, und schneiden Sie alle Stücke wie abgebildet zu.

Schritt zwei Verdrahten Sie G mit dem unteren Teil von Teil A. Verbinden Sie die E-Stücke zwischen G und A.

Schritt drei Befestigen Sie D in der Mitte von G mit Draht. Biegen Sie B zurecht, und befestigen Sie D in der Mitte von B. Befestigen Sie die Enden von D an A mit Draht. Biegen Sie Teil E zurecht, und befestigen Sie E in der Mitte von B und am Boden von A. Wiederholen Sie dies mit E-Teilen so oft wie nötig. Biegen Sie Teil C zurecht, und befestigen Sie C an A und E.

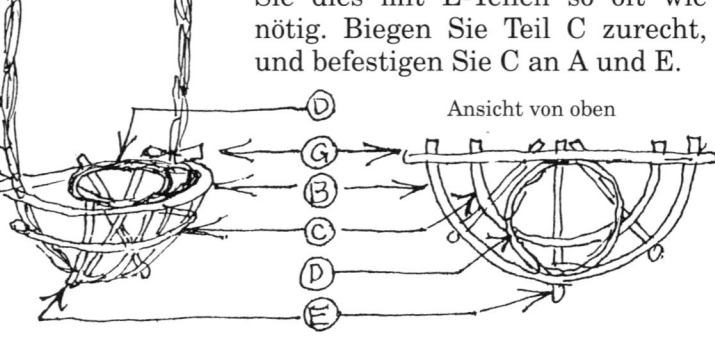

Ansicht von oben

Schritt vier Schlingen Sie weitere Weinranken um A, bis die gewünschte Stärke erreicht ist.

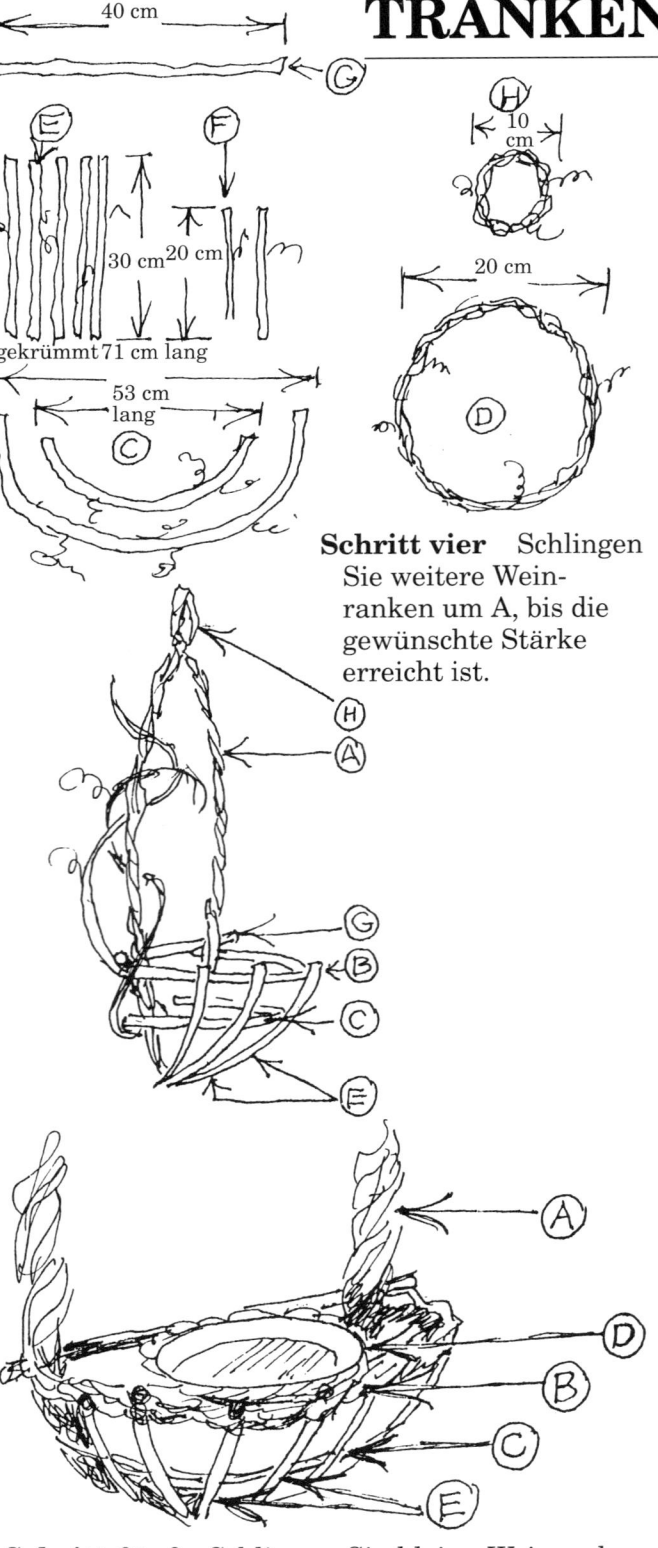

Schritt fünf Schlingen Sie kleine Weinranken bis zur gewünschten Stärke um H und befestigen Sie H oben an A. Setzen Sie einen Blumentopfuntersetzer aus Ton oder Kunststoff von 20 cm Durchmesser als Tränke ein.

VOGELTRÄNKE
FÜR DIE WAND

Nicht alle Vogeltränken sitzen auf Sockeln.
Dieser geflochtene Korb enthält ein Bassin
und paßt an eine mit Weinranken bewachsene
Wand in der Nähe eines Gartens. Er könnte
auch als Futterhaus dienen.

SWIMMINGPOOL

Alle Vögel brauchen hin und wieder mal ein Bad zur Erfrischung. Sicher macht es Spaß zu beobachten, wie sie Salto rückwärts und Bauchklatscher vom Sprungbrett machen. Streuen Sie etwas Futter um die Gartenmöbel herum, und schauen Sie zu, welchen Spaß Ihre Gäste haben.

Material

- 1 Stück Sperrholz, 1,5 x 30,5 x 61 cm
- 1 Stück Sperrholz, 2 oder 2,5 x 30,5 x 61 cm
- 2 Leisten, 0,5 x 4 x 62,5 cm
- 2 Leisten, 0,5 x 4 x 32 cm
- 1 Leiste, 0,5 x 4 x 15 cm
- 1 Stück Kiefernholz, 2 x 2 x 2,5 cm
- 115 cm Messingstab, 3 mm stark
- 102 cm Messingdraht, 1 mm stark
- 1 kuppelförmiges Oberteil einer Kunststoff-flasche von 9,5 cm Durchmesser
- 1 Rundholz von 2 cm Stärke und 2,5 cm Durchmesser
- 1 Holzperle von 5 mm Durchmesser
- 2 grob gerippte Schleifenbänder, 2,5 x 8 cm Polyurethan (kann auch auf Wasserbasis sein)
- 7 Holzschrauben, 35 mm lang Kleber und Nägel ohne Köpfe

Schritt eins Mit der Stichsäge schneiden Sie ein nierenförmiges Loch aus der 2 cm dicken Sperrholzplatte, das das Schwimmbecken bildet. Mit einer Laubsäge schneiden Sie von beiden Seiten eine Verjüngung in den 2 x 2 x 3,5 cm großen Kiefernblock, um den Fuß für den Tisch zu arbeiten. Kleben Sie den abgeschmirgelten Fuß auf die Platte, und verstärken Sie ihn mit einer Holzschraube von unten. Kleben Sie diese Platte auf die 1,5 cm starke Grundplatte, und verstärken Sie die Verbindung von unten mit den sechs verbliebenen Schrauben.

Schritt zwei Schneiden Sie die Enden der vier langen Leisten auf Gehrung, so daß sie um die Grundplatte und die Poolanlage passen. Kleben und nageln Sie die Leisten um die Kanten herum. Schneiden Sie das 15 cm lange Teil folgendermaßen zu: 2 Sprungbretter von 1,5 x 9 cm Größe, ein Teil von 2 x 2,5 cm Größe für den Bademeistersitz, ein Teil von 1,5 x 1,5 cm Größe für die Stufe und einen Kreis von 4 cm Durchmesser. Bohren Sie durch die Mitte dieses Kreises ein Loch von 2 mm Durchmesser, ein weiteres in den Sockel, ein weiteres durch das 2 cm starke Rundholz und noch eins in die Holzperle. Kleben Sie das Rundholz oben in das Flaschenteil ein. Lassen Sie den Leim trocknen. Verbinden Sie den Tisch mit einem 10 cm langen Stück Messingstab, und verwenden Sie Leim für alle Verbindungsstellen.

Schritt drei Alle Möbel werden gelötet. Für die Leitern und senkrechten Stützen wird Messingstab, für die Stühle, Handläufe und Lehne Messingdraht verwendet. Nach dem Zusammenbau werden sie silbern bemalt. Das hohe Sprungbrett und der Bademeistersitz sind 8 cm hoch. Das niedrige Sprungbrett befindet sich 1 cm über dem Boden. Der hintere Rahmen der Stühle ist 6,5 cm lang und 3 cm breit. Die Rahmen der Sitze sind 5 cm lang. Alle Möbelstücke werden in 1 cm tiefe Löcher in die obere Platte geklebt. Das Schleifenband wird an den Stuhlrahmen geklebt oder genäht. Wenn alles bemalt ist, lackieren Sie das Becken mit 2–3 Schichten Polyurethan.

Automatische Vogelwaschanlage

Falcons und Thunderbirds brausen schon seit Jahren durch diese automatischen Tunnel mit Seifenschaum und tauchen sauber und glänzend wieder auf. Wäre es nicht an der Zeit, diese erstklassige Vorrichtung allen Dreckspatzen in der Nachbarschaft anzubieten?

Drive Thru BIRD WASH

Material

- 1 Stück Kiefernholz, 2 x 27,5 x 61 cm
- 1 Stück Sperrholz, 1,5 x 27,5 x 61 cm
- 1 Stück Kiefernholz, 2 x 23 x 35 cm
- 4 Stück Kiefernholz, 2 x 2,5 x 18 cm
- 2 Stück Plexiglas, 18 x 30 cm
- 2 Stück Kiefernholz, 0,5 x 1 x 18,5 cm
- 2 Stück Nylonstoff von 12 x 18,5 cm
- 3 Farbroller, 1 x 16 cm breit, 2 x 10 cm breit
- 6 Kiefernscheiben von 2 cm Stärke und 3,5 cm Durchmesser
- 1 Stück Messingstab von 2 mm Stärke, 36 cm lang
- 2 Stück Messingstab von 2 mm Stärke, 18 cm lang
- 4 Holzkugeln von 15 mm Durchmesser
- 2 Holzkugeln von 5 mm Durchmesser
- 1 Rundholz von 0,5 cm Durchmesser, 20,5 cm lang
- 4 Dübel von 0,5 cm Durchmesser, 4,5 cm lang
- 1 Leiste, 0,3 x 4 x 8,5 cm
- 8 Holzschrauben, 25 mm lang
  Kleber und verschiedene Nägel
  Kleine Drahtklammern
  Polyurethan (kann auf Wasserbasis sein)

Schritt eins Schneiden Sie ein 16,5 x 53,5 cm großes Loch in die Mitte der 61 x 27,5 cm großen Kiefernholzplatte. Schneiden Sie eine 0,5 cm tiefe, senkrechte Rille in eine der 2 cm breiten Seiten aller 18 cm langen Kiefernpfosten, um das Plexiglas aufzunehmen. Schrägen Sie alle vier Kanten der Dachplatte aus Kiefernholz 45° ab.

Schritt zwei Bohren Sie ein Loch von 0,3 cm Durchmesser durch das Zentrum aller Kiefernscheiben. Wenn Sie kein Rundholz von passender Größe für die Farbroller finden, schneiden Sie die Scheiben mit der Lochsäge aus 2 cm dickem Holz zu. Kleben Sie die Scheiben in die Farbroller, so daß sie bündig mit den Enden abschließen.

Schritt drei Biegen Sie den 36 cm langen Messingstab zu einem großen C-förmigen Rechteck, dessen 19 cm lange Seite mit Klammern an der Decke befestigt wird. Die rechtwinklig umgebo-

genen Ober- und Unterseiten messen 5,5 cm, so daß an beiden Enden noch 3 cm übrig sind, die ebenfalls rechtwinklig gebogen und durch die Holzperle in die Scheibe eingeführt werden. Biegen Sie die beiden kürzeren Stäbe zu einem L, bei dem die längere Seite 13,5 cm mißt, die kürzeren Enden zu kleinen Ösen für die Befestigungsschrauben. Stecken Sie die Farbroller auf die Stäbe, kleben Sie oben die Holzschrauben fest.

Schritt vier Schneiden Sie 10 cm lange Schlitze in das Nylongewebe. Nageln Sie diese Streifen an die 0,5 x 1 x 18,5 cm großen Kiefernholzstücke, leimen und nageln Sie diese im Abstand von 3 und 9 cm von der Kante an die Decke. Klammern Sie die Stange für den Farbroller 16,5 cm von derselben Kante entfernt fest. Schrauben Sie die beiden senkrecht stehenden Roller 1 cm vom Bassinrand und 25 cm von dem einen Ende der 61 cm langen Kiefernplatte entfernt fest.

Schritt fünf Bohren Sie ein 0,5 cm großes Loch in die Mitte eines Endes der 18 cm langen Kiefernpfosten. Bohren Sie vier 0,5 cm große Löcher durch die 61 cm lange Kiefernplatte, so daß sie ein Rechteck von 21 x 31,5 cm bilden. Die Löcher sollten mindestens 5,5 cm von den Befestigungsschrauben entfernt sein.

Schritt sechs Kleben Sie einen 0,5 x 4,5 cm langen Dübel in alle Pfosten. Schieben Sie das Plexiglas in die Rillen der Pfosten, kleben Sie die Pfosten auf die Grundplatte, und hämmern Sie die Dübel ein. Kleben Sie das Dach auf die Pfosten und nageln Sie es von oben fest.

Schritt sieben Kleben Sie die Kieferngrundplatte auf die 1,5 cm dicke Sperrholzplatte, und verstärken sie mit den sechs restlichen Schrauben von unten. Hämmern Sie eine Seite des 20,5 cm langen Rundholzes oben 2,5 cm flach, und kleben Sie dieses Ende an das Leistenschild. Bohren Sie ein 0,5 cm großes Loch in die Grundplatte, und kleben Sie das Schild ein.

Schritt acht Sie können die Teile schon während des Zusammenbaus oder alles hinterher bemalen. Nach dem Bemalen tragen Sie 2–3 Schichten Polyurethan auf das Becken auf.

EICHEL-KÜRBISHAUS

Kürbisse eignen sich wunderbar zum Bau von Vogelhäusern. Verschiedene Möglichkeiten, unterschiedliche Kürbisarten zu kultivieren, tragen zu den Designmöglichkeiten bei. Hängen Sie diese riesige Eichel an Ihre höchste Eiche.

Material

2 verschieden große Flaschenkürbisse

Schritt eins Wählen Sie einen Flaschenkürbis mittlerer Größe mit sich verjüngendem Unterteil für die Kammer. Schneiden Sie den Kürbis kurz über dem breitesten Teil der Kugel ab, und entfernen Sie die Kerne. Verwahren Sie den Stiel, denn er dient später als Sitzstange.

Schritt zwei Bohren Sie ein Flugloch von etwa 3,5 cm Durchmesser ein, oder vergrößern Sie ein kleines Loch mit Sandpapier, das Sie um einen Bleistift gewickelt haben. Bohren Sie ein kleineres Loch, das gerade groß genug ist, um einen Teil des Kürbisstiels als Sitzstange aufzunehmen.

Schritt drei Wählen Sie einen Flaschenkürbis derselben Größe, aber mit einem flacheren Unterteil, der als Fruchtbecher dient. Schneiden Sie diesen Kürbis knapp unter der breitesten Stelle durch, und verwenden Sie das untere Stück als Becher. Bohren Sie ein kleines Loch in die Mitte dieses Teils, und befestigen Sie den Stiel als Eichelstiel.

Schritt vier Setzen Sie den Becher auf das Hausteil, und kleben Sie dann beide Teile zusammen. Brandmalerei oder Bemalen des Bechers reichen aus, um ihm das natürliche Aussehen eines echten Eichelbechers zu verleihen. Holzlasuren in verschiedenen Tönen verschönern das Vogelhaus zusätzlich. Wenn Sie mit dem Ergebnis zufrieden sind, sprühen Sie noch eine durchsichtige Schicht Acryllack auf.

GEDECKTES KÜRBISHAUS

Die Vögel müssen vielleicht erst die Kobolde vertreiben, bevor sie sich in diesem elfenhaften Heim niederlassen. Auf jeden Fall macht es Spaß, dieses hübsche Haus im Garten aufzuhängen.

Material

1 birnenförmiger Kürbis
1 zusätzlicher Kürbis
Besenhirse
60 cm Bast
Kleber

Schritt eins Wählen Sie einen birnenförmigen Kürbis mittlerer Größe, der sich unten zu einem flachen Ende verjüngt. Bohren Sie an der Seite des Kürbis ein 3,5 cm großes Loch als Flugloch ein, und entfernen Sie die Kerne sorgfältig. Ein Drahtkleiderbügel mit einem kleinen Haken am Ende ist beim Säubern nützlich. Schneiden Sie den Stiel ab, und verwenden Sie ihn als Sitzstange, die Sie in ein vorgebohrtes Loch kleben.

Schritt zwei Wenn Sie den Kürbis lasieren wollen, sollten Sie dies jetzt tun. Tragen Sie eine Schicht farblosen Acryllack auf, wenn Lasur und Kleber getrocknet sind.

Schritt drei Das Dach besteht aus Besenhirse, die in 7,5–10 cm lange Stücke geschnitten wurde. Die meisten Läden für Bastelbedarf führen Besenhirse. Drei Schichten, die übereinander von unten nach oben auf den Kürbis geklebt werden, sollten ausreichen. Sie können die Hirseschichten mit einer Klebepistole aufkleben.

Schritt vier Die Überdachung des Eingangs wird aus einem anderen Kürbis geschnitten und angeklebt. Da die Dachspitze durch die Enden der Besenhirse unordentlich aussieht, sollten Sie aus einem anderen Kürbis eine Abdeckung arbeiten und oben gut festkleben.

Schritt fünf Die Dacheindeckung wird mit einem Band aus einem natürlichen Material (beispielsweise Bast) festgehalten. Trockenblumen, die in das Bastband gesteckt werden, bilden einen hübschen Schmuck.

SOMMERHAUS AUS WEINRANKEN

Dieses dekorative Vogelhaus aus trockenen Weinstockzweigen und Ranken bietet Nistvögeln einen
luftigen Schutz. Es kann unter einem Balkon oder
unter dem Giebel aufgehängt werden, um Regen
abzuhalten. Man kann es auch um einen Kürbis
herum bauen, so daß es auch in kälteren Klima-
zonen eingesetzt werden kann.

Material

1 Armvoll Zweige von einem Weinstock
1 kleine Rolle Bindedraht
   Seitenschneider

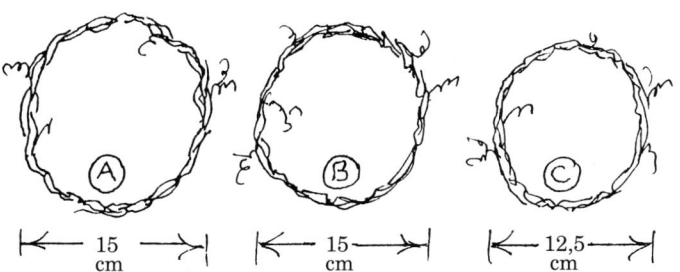

Schritt eins Arbeiten Sie dünne, kleine Kränze,
und schneiden Sie alle Teile gemäß Abbildung zu.

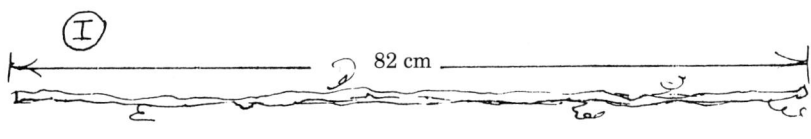

Schritt zwei Beginnen Sie mit acht 82 cm langen Streben, und fügen Sie nach Wunsch weitere
hinzu.

Schritt drei Beginnen Sie mit acht 15 cm langen Dachranken, und fügen Sie nach Wunsch
weitere hinzu.

Schritt vier Befestigen Sie E an C, wie abgebildet.

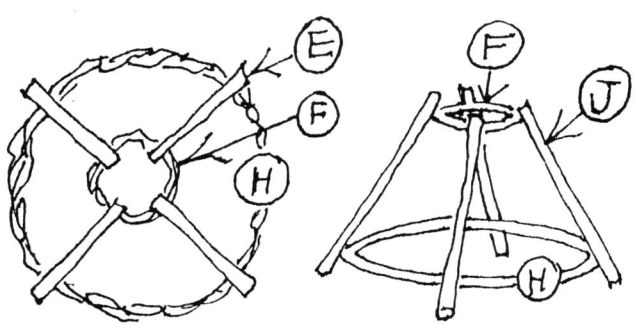

Schritt fünf Befestigen Sie vier Dachsparren,
wie abgebildet, und fügen Sie dann weitere hinzu.

Schritt sechs Biegen Sie I zu einer Tropfenform. Befestigen Sie die Enden von E 12,5 cm
vom oberen Ende der Tropfenform.

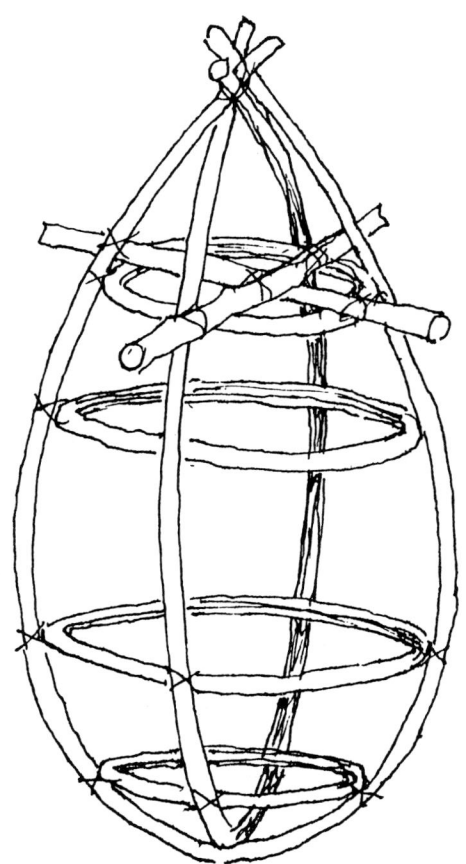

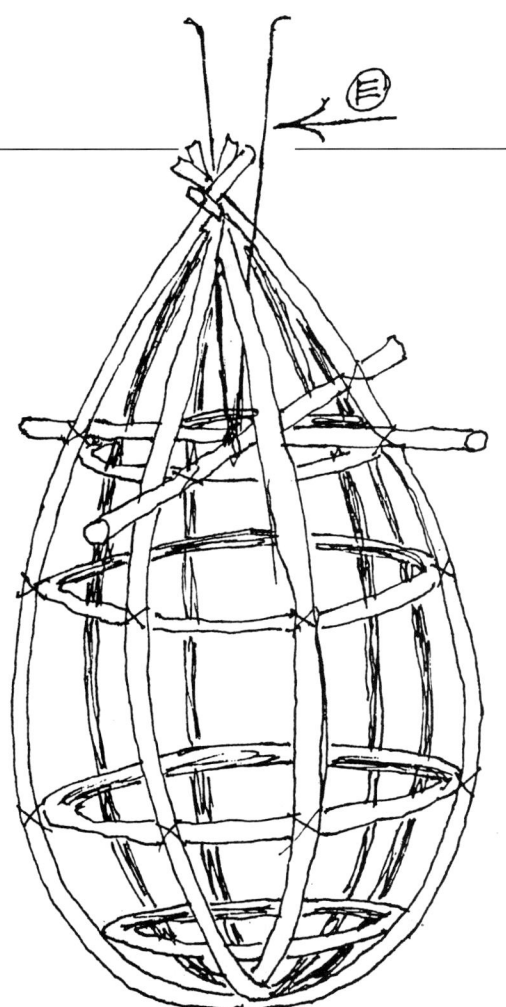

Schritt acht Befestigen Sie den Draht an Teil E.
Er dient zur späteren Befestigung am
oberen Ring.

Schritt sieben Fügen Sie die Innenringe, wie
abgebildet, hinzu, und befestigen Sie dann weitere tränenförmige Streben, bis die Wände so
dicht sind, wie gewünscht.

Schritt neun Befestigen Sie Tür und Sitzstange
mit Draht. Befestigen Sie das Dach H an E mit
Draht. Verbinden Sie die Drähte zum Aufhängen
an G. Fügen Sie Ranken als Schmuck hinzu.

STROHGEDECKTE JURTE

Asiatische Nomaden entwickelten ein unverwechselbares Rundhaus, das sich zusammenlegen ließ und ein kuppel- oder kegelförmiges Dach hatte. Dieses Design ist für natürliche Materialien wunderbar geeignet und wird Ihren Garten sicherlich verschönern.

Material

1 Stück Sperrholz von 1 cm Stärke und 15 cm Durchmesser
8 rindenbeschichtete Kiefernplatten, 1 x 6,5 x 14,5 cm
1 entrindeter, grüner Zweig von 1,5 cm Durchmesser, 46 cm lang
1 Strohbündel von 4 cm Durchmesser, 50 cm lang
1 Weinranke von 0,5 cm Durchmesser, 3 m lang
dünne Weinranke oder Schnur, 3,60 m lang
Bindedraht

Schritt eins Bohren Sie acht Löcher von 0,5 cm Durchmesser um den 15 cm großen Kreis herum, die zueinander den gleichen Abstand haben und 1 cm vom Rand entfernt sind. Die acht Kiefernplatten können von einem Scheit in 1–1,5 cm Stärke abgeschnitten und dann zu 6,5 x 14,5 cm großen Rechtecken zurechtgeschnitten werden. Sie können die Rinde leicht zurechtschneiden und abschmirgeln, wenn Sie eine Rundung wünschen. Bohren Sie etwa 2 cm von den kurzen Kanten entfernt zwei Löcher von 0,5 cm Durchmesser in jede Platte.

Schritt zwei Flechten Sie je einen Kranz von 15 cm und 18 cm Durchmesser aus der Weinranke. Der größere Kranz umgibt das untere Ende des Behälters, während der kleinere Kranz in den oberen Rand paßt. Mit dünner Weinranke oder Schnur befestigen Sie alle Platten durch die entsprechenden Löcher an dem Sperrholzkreis und um den größeren Kranz, wobei Sie den Rand umwickeln. Binden Sie das obere Ende der Platten auf ähnliche Weise an den kleineren Kranz. Schneiden Sie das Türloch zwischen zwei Leisten mit einer Laubsäge ein, und nageln Sie eine Leiste aus Kiefernresten über die Schwelle.

Schritt drei Mit einem scharfen Messer oder Beil spalten Sie 19 cm des 46 cm langen Zweigs an einem Ende in Viertel. Breiten Sie diese zu Dachsparren aus, und befestigen Sie sie mit Draht sicher am Rand des Behälters. Jeder Dachsparren sollte sich 2,5 cm über den Rand erstrecken. Befestigen Sie den Rest der Weinranke an den Sparrenenden, so daß ein Dachfuß entsteht, und winden Sie sie weiter spiralenförmig nach oben zu einem kegelförmigen Rahmen, der mit Draht an den Sparren befestigt wird.

Schritt vier Das Bund Stroh umgibt den Ast und breitet sich dann über den Dachrahmen aus. Befestigen Sie es mit Gummiband an dem Ast, bevor Sie es von oben nach unten mit dünner Weinranke oder Schnur umwickeln und festbinden. Binden Sie es auch innen am Rahmen, spiralenförmig über dem Dach und schließlich am Dachfuß fest. Schneiden Sie das Stroh um den Dachfuß herum mit einer starken Schere ab. Eine Öse zum Aufhängen kann als Kranz durch ein oben in den Ast gebohrtes Loch geflochten werden. Auf diese Weise ist die Jurte auch bei Wind und Wetter gesichert und bleibt dennoch beweglich.

BAUMHAUS MIT ZWEIGMOSAIK

Den besten Platz hat dieses Waldhaus hoch in den Bäumen, inmitten luftiger Äste. Die Größe kann so angepaßt werden, daß es viele Vogelarten beherbergen kann. Dann wird das Haus mit einem beliebigen Muster versehen, zu dem die vorhandenen Zweige Sie anregen sollten.

Material

    2 Stück Holz, 2 x 25,5 x 38 cm
    1 Stück Holz, 2 x 25,5 x 25,5 cm
    2 Stück Holz, 2 x 21,5 x 25,5 cm
    2 Stück Sperrholz, 1 x 23 x 33 cm
      verschiedene Zweige
   28 Bambusstücke von 2,5 cm Durchmesser,
      23 cm lang
    2 Blechdosen
    1 3–4,80 m hoher Stamm mit mehreren
      Gabelungen als Pfosten
      Kleber und verschiedene Nägel

Schritt eins Die Kammer läßt sich aus den meisten 2 cm dicken Holzarten herstellen, die vorzugsweise grob gesägt sein sollten, damit das Haus rustikal wirkt. Schneiden Sie die Dachspitze aus den beiden 25,5 x 38 cm großen Brettern auf einmal aus, so daß 25,5 cm lange Eckkanten stehenbleiben. Schneiden Sie in ein Brett ein Flugloch.

Schritt zwei Kleben und nageln Sie die 25,5 x 25,5 cm großen Seitenstücke als Seitenwände an diese Bretter. Die größeren Bretter sollten die kleineren überlappen. Lassen Sie alles trocknen, bevor Sie die 25,5 x 25,5 cm große Grundplatte an die Unterkanten kleben und nageln.

Schritt drei Die Form der Zweige, die Sie finden, hilft bei der Festlegung der Wandmuster. Die auffällig geformten Eckstreben an der Vorderseite dieses Hauses sind zwei Hälften desselben Astes, der sorgfältig durchgesägt wurde. Das Zaunmuster und der Türrahmen bestehen aus gespaltenen Zweigen, die passend zurechtgeschnitten und gebogen und dann festgenagelt wurden. Durch ein Vorbohren der Nagellöcher

wird verhindert, daß die Zweige sich spalten. Ein y-förmiger Zweig wird als Sitzstange in ein unter der Tür gebohrtes Loch geklebt.

Schritt vier Die übrigen Wände können mit Zweigmosaiken dekoriert werden. Sie können ein Muster auf der Wand vorzeichnen, bevor Sie die größeren aufgespaltenen Zweige festnageln, die eine bestimmte Form, beispielsweise einen Stern, darstellen. Kleinere Zweige, vielleicht in kontrastierender Farbe, können dann so zugeschnitten werden, daß sie innerhalb und außerhalb der Linie hineinpassen. Sie werden festgenagelt.

Schritt fünf Wenn Sie das Haus an einem Pfosten befestigen wollen, schrauben Sie eine große Schraube durch den Boden in den Pfosten, bevor Sie das Dach anbringen. Wenn der Pfosten mehrere Gabeln hat, nageln Sie die anderen bündig abgeschnittenen Äste ebenfalls durch den Boden fest.

Schritt sechs Schneiden Sie 23 cm lange Bambusstücke zwischen den Knoten zu, und halbieren Sie sie. Bohren Sie eine Reihe von nach oben gerichteten Hälften vor, und nageln Sie sie auf beiden Dachseiten fest. Dann bohren Sie nach unten gerichtete Hälften vor und nageln sie darüber, so daß sich die Bambusstücke wie bei einem Ziegeldach überlappen.

Schritt sieben Bohren Sie die Dachhälften vor, und nageln Sie sie auf die Kammer. Öffnen und glätten Sie zwei Blechdosen. Biegen Sie sie der Länge nach entsprechend der Dachneigung um, bohren Sie Löcher vor, und nageln Sie sie fest.

DONNERVOGEL-TIPI

Wer behauptet denn, daß bestimmte einheimische Vogelarten nicht das Habitat ihrer menschlichen Gegenstücke nachahmen möchten? Kinder haben sicherlich viel Spaß daran, diese Behausung herzustellen und zu schmücken, um dann zu sehen, wer darin campiert.

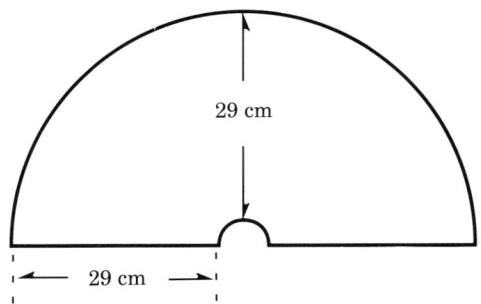

29 cm

29 cm

Material

1 Stück Kiefernholz von 2 cm Stärke und 25 cm Durchmesser
7 Rundhölzer von 0,5 cm Durchmesser, 38–40 cm lang
1 Rundholz von 0,5 cm Durchmesser, 15 cm lang
1 Dübel von 0,5 cm Durchmesser, 5,5 cm lang
1 Dübel von 0,5 cm Durchmesser, 4,5 cm lang
1 Stück Segeltuch, 29 x 58,5 cm
Schnur
Firnis
Kleber

Schritt eins   Nach dem Zuschneiden der kreisförmigen Kiefernplatte bohren Sie sieben Löcher von 0,5 cm Durchmesser etwa 1,5 cm vom Rand entfernt hinein. Sie sollten ungefähr den gleichen Abstand zueinander haben, etwa 1,5 cm tief sein und zur Mitte hin leicht winklig verlaufen. Sie können nach Bedarf erweitert werden, um die Pfähle des Tipis aufzunehmen.

Schritt zwei   Schneiden Sie je ein Ende der sieben Pfähle sowie das 15 cm lange Rundholz diagonal ab. Das verleiht dem Ganzen eine natürlichere Wirkung. Sie können auch gerade Zweige anstelle von gekauften Rundhölzern verwenden.

Schritt drei   Kleben Sie drei Pfähle in Löcher ein, die etwa denselben Abstand zueinander haben, und binden Sie sie etwa 10 cm vom oberen Ende mit einer Schnur zusammen, bevor der Leim trocknet. Kleben Sie die vier übrigen Pfähle auf dieselbe Weise ein, und binden Sie sie zusammen. Schließlich befestigen Sie den 15 cm langen Rundstab, der die obere Verschlußklappe stützt. Tragen Sie um die obere Verschnürung überall Leim auf, um die Verbindung zu sichern. Lassen Sie alles trocknen.

Schritt vier   Schneiden Sie einen Halbkreis aus dem Segeltuch. Verwahren Sie die Stoffreste. Wickeln Sie den Stoff um die Pfähle, überprüfen Sie, ob alles paßt, und schneiden Sie den Stoff, falls nötig, nach. Unten sollte der Stoff reichlich überhängen und die Platte berühren, so daß ein Saum aufgeklebt werden kann.

Schritt fünf   Tragen Sie einen Tropfen Leim um die Grundplatte herum auf, wo der untere Rand des Stoffes befestigt wird. Tragen Sie Leim auf die Außenseite der Pfähle und um die obere Verschnürung herum auf. Legen Sie den Stoff vorsichtig auf den Rahmen, und drücken Sie ihn leicht an allen Klebestellen an. Tragen Sie einen großen Tropfen Leim an der Innenseite der überlappenden Kante auf, und drücken Sie diese dann vorsichtig fest. Lassen Sie alles gut trocknen.

Schritt sechs   Gegenüber der senkrechten Naht schneiden Sie eine 3,5 x 4,5 cm große ovale Tür 5 cm über dem Boden ein. Schneiden Sie eine 7,5 x 10 cm große Klappe aus den Stoffresten zu, kleben Sie diese über das 15 cm lange Rundholz und an die Zeltwand. Schneiden Sie ein 2,5 x 6,5 cm großes Stoffstück zu, und kleben Sie es als V-förmige Markise über das Flugloch.

Schritt sieben   Feilen Sie eine Einbuchtung in ein Ende des 5,5 cm langen Dübels. Kleben und nageln Sie den 4,5 cm langen Dübel auf dieses Ende, so daß eine Sitzstange entsteht. Bohren Sie ein Loch von 0,5 cm Durchmesser vor den Eingang, und kleben Sie die Stange ein.

Schritt acht   Firnissen Sie die gesamte Tipi-Spitze einschließlich Klappe und Türmarkise sowie die senkrechte Naht und die untere Randnaht. Lassen Sie alles trocknen. Grundieren und bemalen Sie das Ganze mit wetterfester Farbe. Anschließend können Sie mit Hobby-Emailfarben Muster aufmalen. Ein Federspeer und andere Spielzeugaccessoires können hinzugefügt werden.

FLEDERMAUSHAUS

Fledermäuse sind zwar keine Vögel, aber Säugetiere, die 500 Insekten pro Minute verzehren können! Sie stellen keine Gefahr für den Menschen dar und zählen dennoch zu den gefährdeten Arten. In einem Haus dieser Größe kann eine Kolonie von bis zu 30 Fledermäusen schlafen. Bei diesem Projekt können Kinder helfen. Sie werden sicherlich viel Spaß dabei haben.

Material

2 Stück Kiefernholz, 2 x 30 x 38 cm
2 Stück Kiefernholz, 2 x 30 x 23 cm
1 Stück Kiefernholz, 2 x 27 x 38 cm
2 Stück Kiefernholz, 2 x 30 x 35 cm
1 Stück Kiefernholz, 2 x 9,5 x 86,5 cm
1 Stück Sperrholz, 1,5 x 35,5 x 63,5 cm
   Kleber und verschiedene Nägel
1 Schraube und Mutter, 65 mm lang

Schritt eins Vielleicht möchten Sie anstelle von Kiefernholz für den (auf dem Foto blau bemalten) Kasten lieber Zedernholz verwenden,

da dies wetterbeständiger ist. Schneiden Sie als erstes der Länge nach 2 cm breite Nute in die 30 x 23 cm großen Seitenteile. Es sollten zwei 0,5 cm tiefe Rillen mit einem Abstand von 7,5 cm zueinander sein, die die inneren Unterteilungen aufnehmen. Als nächstes schneiden Sie der Länge nach 0,5 cm tiefe Rillen mit etwa 2,5 cm Abstand in eins der 30 x 38 cm großen Teile (nicht auf dem Foto abgebildet). Tun Sie dasselbe bei beiden 30 x 35 cm großen Unterteilungen.

Schritt zwei Kleben und nageln Sie die 30 x 38 cm großen Teile an die 30 x 23 cm großen Seiten, wobei die Kanten stumpf aufeinander stoßen und alle Rillen nach innen zeigen. Kleben und nageln Sie das 27 x 38 cm große Dach darauf, so daß es gut abschließt. Alle Verbindungsstellen sollten dicht sein, damit nichts leckt. Lassen Sie den Leim gut trocknen.

Schritt drei Schneiden Sie ein 53,5 cm langes Stück von einer Leiste von 2 x 9,5 cm für die Befestigung am Baum ab. Wenn Sie möchten, können Sie an einem Ende den Umriß eines Fledermauskopfes und am anderen Ende einen Schwanz aussägen, wie das Foto es zeigt. Schrägen Sie die übrigen 33 cm dieser Leiste, die als Abstandshalter dient, ab. Kleben und nageln Sie dieses Stück in die Mitte des längeren Leistenstücks, so daß die Schrägungen nach oben zeigen. Kleben und nageln Sie den Kasten mittig auf den Abstandshalter. Diese doppelte Verbindungsstelle kann mit einer 6,5 cm langen Schraube durch alle drei Bretter nach oben in Richtung Deckel verstärkt werden (auf dem Foto nicht sichtbar).

Schritt vier Bemalen Sie die beiden Trennwände und das Kasteninnere schwarz. Kleben und nageln Sie die Trennwände in die Nutrillen. Sie schließen bündig mit der Unterseite der Kiste ab (anders als auf dem Foto, wo das Haus ein Schrägdach hat).

Schritt fünf Schneiden Sie eine Fledermausform aus dem 1,5 cm starken Sperrholz aus. Bemalen Sie sie sorgfältig, um die Schichten gut zu versiegeln. Bemalen Sie die Konstruktion nach Wunsch, bevor Sie das Fledermausemblem stolz auf das Haus kleben und nageln.

FLEDERMÄUSE IM GLOCKENTURM

Dies ist eine elegante Lösung, um Insektenpopulationen unter Kontrolle zu halten, selbst wenn Ihre Nachbarn Sie vielleicht für verrückt erklären. Sie sollten diesen Kasten an einem schattigen Plätzchen in der Nähe eines Gartens aufstellen.

Material

4 Stück Kiefernholz, 2 x 28,5 x 61 cm
2 Stück Kiefernholz, 2 x 26,5 x 37 cm
1 Stück Kiefernholz, 2 x 26,5 x 26,5 cm
4 gleichseitige Dreiecke aus 0,5 cm starkem Sperrholz, Seitenlänge 34,5 cm
1,35 m Zierleiste, 4 cm breit
1 Flanschsockel
1 Stück Kiefernholz, 1,5 x 2 x 26,5 cm
1 Glocke
1 gedrechselter Turm
Kleber und verschiedene Paneelstifte

Schritt eins Alle Wandstücke können aus Massivholz oder 2 cm starkem Sperrholz gefertigt werden. Die Gesamtabmessungen können ganz nach Wunsch angepaßt werden, wobei die Größe der Innenwände entsprechend abgeändert wird. Nach dem Zuschneiden der vier Wände schneiden Sie mit einer Stichsäge die Fensteröffnungen aus. Die gerade untere Fensterkante sollte sich 20 cm unterhalb der Oberkante der Wand befinden. Markieren Sie den Halbkreisbogen mit einem Zirkel. Diese Fenster messen 15 x 15 cm und sollten 1 cm außermittig sein.

Schritt zwei Schneiden Sie die beiden Innenwände aus Massivholz oder Sperrholz von 2 cm Stärke zu, so daß sie genau ins Innere der Kammer passen. Diese Innenwände können mit einfachen Stoßverbindungen oder in vorgeschnittene Rillen eingesetzt und festgenagelt werden. Da diese Wände die drei Schlafkammern voneinander abtrennen, sollten Sie an beiden Seiten waagrechte Rillen einschneiden, damit die Fledermäuse sich besser festhalten können. Die etwa 3 mm tiefen und breiten Rillen sollten einen Abstand von 2,5–5 cm haben und auch auf den gegenüberliegenden Innenwänden eingeschnitten werden.

Schritt drei Schneiden Sie das Quadrat zu, das das Dach der Kammer bildet. Es kann entweder mit einer Stoß- oder Nut- und Federverbindung befestigt werden. Ein normaler Flanschsockel von 2,5 cm Durchmesser kann in die Mitte dieses Stücks geschraubt werden. Er nimmt ein Stahlrohr mit Gewinde von 2,5 cm Durchmesser auf, das als Pfosten dient. Hier wurde jedoch ein Rundholz von 3 cm Durchmesser verwendet. Es wurde in ein Loch gleichen Durchmessers, das halb in die Abdeckung geschnitten wurde, gesteckt. Es wird durch einen Block (7 cm im Quadrat) mit einem 3 cm großen Loch stabilisiert. Der Block wird auf das Rundholz geschoben und bündig mit der Unterkante der Innenwände, zwischen die er genau paßt, festgeleimt. Zum Schneiden der Löcher verwenden Sie eine Lochsäge.

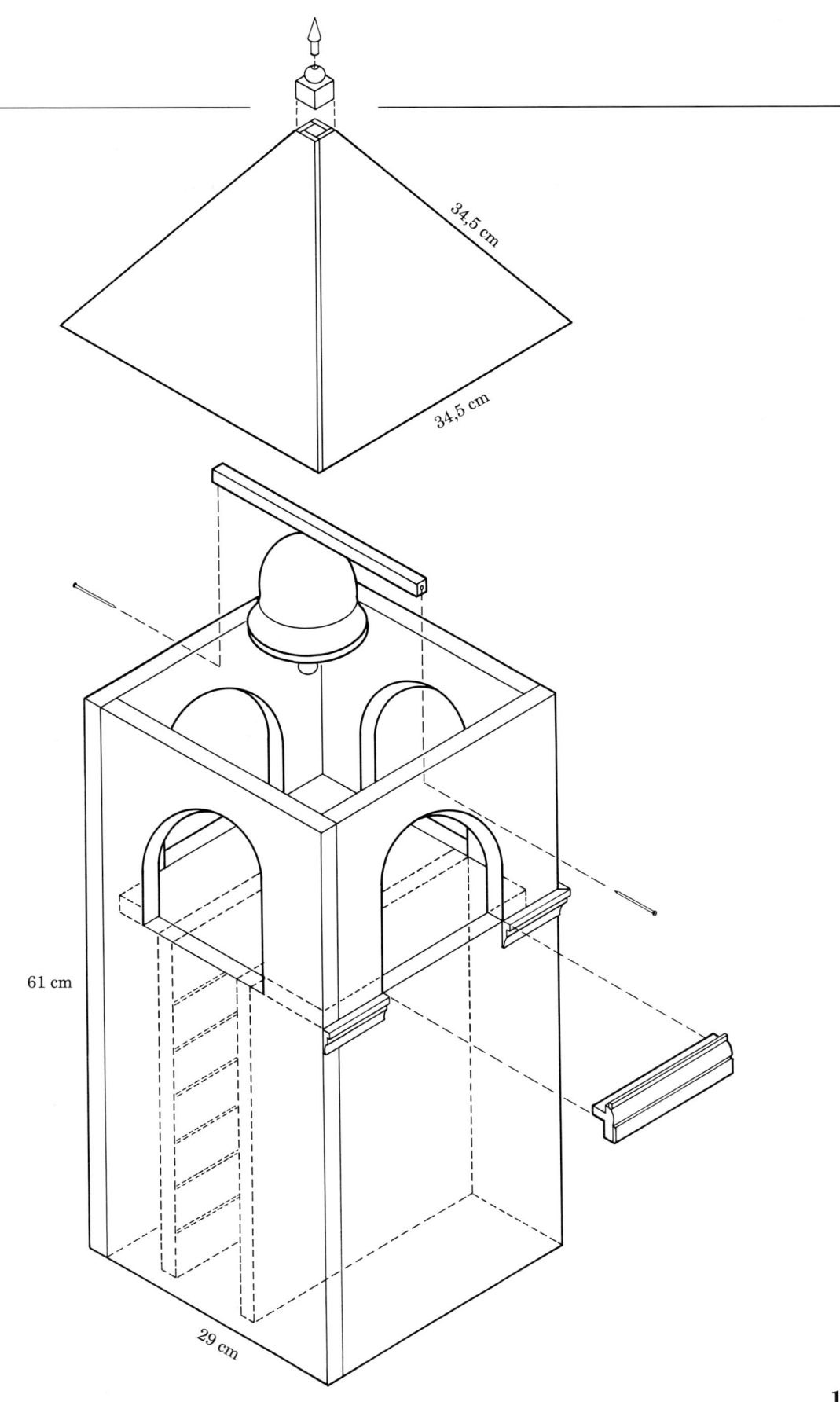

34,5 cm

34,5 cm

61 cm

29 cm

Schritt vier Verbinden Sie die Wände nacheinander mit Leim und Nägeln. Vor dem Anbringen der letzten Wand setzen Sie die Abdeckung ein und sichern sie mit Leim und Nägeln. Bringen Sie die letzte Wand an, lassen Sie alles trocknen, und schmirgeln Sie dann alle Eckverbindungen ab.

Schritt fünf Setzen Sie die beiden Innenwände ein, und befestigen Sie sie mit Leim und Nägeln. Schneiden Sie die 1,5 x 2 cm große Vorrichtung zum Befestigen der Glocke so zu, daß sie oben in den Glockenturm paßt. Verwenden Sie eine alte Glocke, oder drechseln Sie wie hier eine aus Holz. Hängen Sie sie an die Strebe, und befestigen Sie das Ganze mit Leim und Nägeln.

Schritt sechs Messen Sie die Zierleiste ab, die die vier Kranzleisten bildet, und schneiden Sie sie zu. Es ist ratsam, sie zuerst auf Gehrung zu schneiden, sie dann anzuhalten, um die Fensterkanten zu markieren und sie dann gerade abzuschneiden. Kleben und nageln Sie sie an einer vorgezeichneten Linie fest. Die vier Fensterbänke können von derselben Zierleiste abgeschnitten und umgedreht befestigt werden oder von einer anderen Leiste stammen. Schneiden Sie diese Leisten genauso zu, und befestigen Sie sie.

Schritt sieben Schneiden Sie die vier gleichseitigen Dreiecke von 34,5 cm Seitenlänge, die das Dach bilden, aus Sperrholz zu. Die Kanten, die aneinander stoßen, können auf Gehrung geschnitten oder für eine Stoßverbindung abgeschrägt werden. Wenn Sie (wie auf dem Foto gezeigt) als Dachabschluß einen Block einsetzen wollen, schrägen Sie die oberen Ecken ab, damit er paßt. Sie können auch einfach ein Loch in das fertige Dach bohren, das dann die Spitze aufnimmt. Zum Zusammensetzen des Daches tragen Sie einen Tropfen Leim oder Silicon jeweils auf die obere Kante der einzelnen Teile auf, lehnen sie aneinander und lassen sie trocknen. Die Verbindungsstellen können verstärkt werden, indem Sie kleine Drahtstifte einhämmern oder innen Rundhölzer oder abgeschrägte Holzstreben in die Verbindungsstellen einsetzen.

Schritt acht Die Spitze kann gedrechselt werden, man kann sie aus Puppenhauszubehör zusammensetzen, schnitzen oder einen zugespitzten Dübel, auf den Perlen aufgezogen werden, verwenden. Abhängig von der Größe und Form wird die Spitze oben auf dem Dach in ein entsprechend großes Loch geklebt und festgenagelt. Dieses Dach wurde mit einer Farbe bemalt, die Kupfer ähnelt. Das fertige Dach wird auf den Turm geleimt und genagelt. Die oberen Kanten der Wand können abgeschrägt werden, damit der Leim besser hält.

VERSTECK FÜR DIE FLITTERWOCHEN

Der Drang, sich in diesem Vogelhäuschen niederzulassen, wird für die Nistinstinkte aller echten Turteltauben unwiderstehlich sein. Und Ihnen wird die Reinigung nach jeder Nistsaison nichts ausmachen, da eine praktische Schublade zum Herausziehen vorhanden ist.

Material

2 Stück Kiefernholz, 2 x 14 x 23 cm
1 Stück Kiefernholz, 2 x 19 x 20,5 cm
1 Stück Kiefernholz, 2 x 17 x 20,5 cm
1 Stück Kiefernholz, 2 x 10 x 14 cm
2 Stück Sperrholz, 1,5 x 19,5 x 32,5 cm
1 Stück Sperrholz, 0,5 x 10 x 15 cm
3 Stück Sperrholz, 0,5 x 6 x 13 cm
1 Stück Sperrholz, 0,5 x 6,5 x 9 cm
2 Viertelstäbe, 15 cm lang
  Leistenreste, 5 mm stark
1 Rundholz von 0,5 cm Durchmesser, 7,5 cm lang
2 Ringschrauben
  Kleber und verschiedene Nägel

Schritt eins Schrägen Sie die beiden langen Kanten der 10 x 14 cm großen Grundplatte oben 80° ab. Schrägen Sie je eine kurze Kante der 14 x 23 cm großen Seitenteile 80° ab. Schrägen Sie die gegenüberliegenden kurzen Seiten 60° ab.

Schritt zwei Markieren Sie die verlängerten Fünfecke entsprechend der Zeichnung auf 1,5 cm starkem Sperrholz, und schneiden Sie sie aus. In ein Fünfeck schneiden Sie oberhalb der Mitte mit der Lochsäge ein 4 cm großes Flugloch. Dann schneiden Sie das untere Drittel 10 cm über der unteren Kante für die Schubladenfront ab.

Schritt drei Kleben und nageln Sie das große Fünfeck auf die Grundplatte und an die Seiten. Dann befestigen Sie den oberen Teil des anderen Fünfecks an dieser Konstruktion. Kleben und nageln Sie die 20,5 cm großen Kieferndachplatten mit einer Stoßkante aneinander, bevor Sie das Dach auf die Nisthöhle kleben und nageln.

Schritt vier Schrägen Sie die beiden langen Kanten einer der 6 x 13 cm Sperrholzplatten oben 80° ab (Boden des Schubkastens). Schrägen Sie je eine lange Kante der beiden anderen Plat-

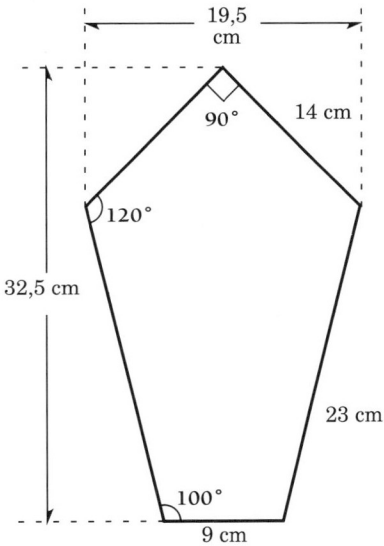

ten 80° ab (Seiten des Schubkastens). Schneiden Sie die 6,5 x 9 cm große Sperrholzplatte (Rückseite des Schubkastens) sich verjüngend so zu, daß die Unterkante 6 cm mißt. Kleben Sie diese Platten an das untere abgeschnittene Teil des Fünfecks zum Schubkasten zusammen. Verstärken Sie die Verbindungsstellen mit Drahtstiften, wenn der Leim getrocknet ist.

Schritt fünf Schneiden Sie die 5 mm starken Leistenreste für Zaun und Fensterläden in 1,5 cm breite Streifen. Für die Querstücke kann dasselbe Material verwendet werden. Schneiden Sie die Zaunlatten oben spitz zu, und befestigen Sie sie nach Wunsch. Die Fenster können aufgemalt werden. Schneiden Sie auch den Querbalken unter dem Vordergiebel aus Resten zu,

nachdem Sie den Viertelstab auf Gehrung geschnitten und befestigt haben. Die Schilder werden ebenfalls aus Resten zugeschnitten, angeleimt und festgenagelt.

Schritt sechs Schneiden Sie eine Mondsichel aus dem 10 x 15 cm großen Sperrholzstück, bemalen Sie sie weiß, bevor Sie sie an die rückwärtige Giebelwand kleben und nageln. Befestigen Sie die beiden Ringschrauben auf dem Dachfirst, es sei denn, daß Sie das Haus auf einen Pfosten setzen wollen. Bohren Sie 2,5 cm unter dem Flugloch ein Loch von 0,5 cm Durchmesser ein. Schneiden Sie einen 5,5 cm langen Dübel zu, und kleben Sie ihn ein.

Schritt sieben Das noch verbleibende 2 cm lange Dübelstück dient zum Befestigen des kleinen Vogelhäuschens, das auf Wunsch angebracht werden kann. Es wird aus einem Rest ausgeschnitten und angeklebt. Das Flugloch wird in den Block gebohrt, als Sitzstange dient ein Nagel.

RATHAUS IN NEUENGLAND

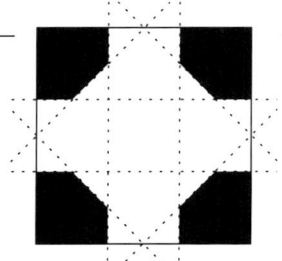

Das ist ein besonders schönes Beispiel für den amerikanischen kolonialen Baustil. Dieses architektonische Relikt aus der Frühzeit der Demokratie könnte Domizil für eine Vielfalt von Vogelarten sein – und mit Innenwänden sogar als Haus für Schwalben dienen. Natürlich ist es Ihnen freigestellt, diesen Entwurf noch nach eigenen Vorstellungen zu gestalten.

Material

1 Grundplatte aus Kiefernholz, 2 x 30 x 56 cm
1 Abdeckung aus Kiefernholz, 2 x 30 x 51 cm
2 Kiefernwände, 2 x 30 x 41 cm
2 Kiefernwände, 2 x 30 x 25 cm
1 Stück Kiefernholz, 2 x 20,5 x 20,5 cm
2 Stück Sperrholz für das Dach, 1,5 x 25 x 51,5 cm
5 Rundhölzer von 3 cm Durchmesser, 30,5 cm lang
  Sperrholz oder Massivholz von 5 mm Stärke
  Massivholzreste von 3 mm Stärke
1 Stück Kiefernholz, 6,5 x 6,5 x 25,5 cm
1 Stück Kiefernholz, 4 x 4 x 16,5 cm
4 Holzperlen von 15 mm Durchmesser
  Dachschindeln
1 Glocke
  Kleber und verschiedene Nägel

Schritt eins   Als erstes schneiden Sie die Grundplatte, die vier Wände und die Abdeckung aus 2 cm starkem Kiefernholz zu. Die Abdeckung sollte an den beiden langen Seiten 45° abgeschrägt werden, damit die Dachteile passen. Mit einer Stichsäge schneiden Sie alle Tür- und Fensteröffnungen in die Wände. Wenn es ein Schwalbenhaus werden soll, konstruieren Sie aus Sperrholz von 5 mm Stärke Abtrennungen für den Innenraum, so daß 8–12 Kammern auf zwei Etagen entstehen. Schneiden Sie die Türen und Fenster entsprechend ein. Entsprechend der Tabelle auf den Seiten 14 und 15 können Sie das Haus auch für andere Arten einrichten. Ansonsten verschließen Sie alle Öffnungen bis auf die Eingangstür mit Resten aus 5 mm dickem Sperrholz. Anschließend leimen und nagen Sie die Konstruktion zusammen, wie es die in Einzelteile aufgelöste Darstellung zeigt. Lassen Sie alles trocknen.

Schritt zwei   Schneiden Sie die 2 x 20,5 x 20,5 cm große Kiefernplatte diagonal in zwei rechtwinklige Dreiecke. Dann schneiden Sie die beiden Dachhälften aus 1,5 cm starkem Sperrholz zu. Die Verbindung am Dachfirst kann auf Gehrung geschnitten oder mit einer Stoßverbindung zusammengefügt werden. Der Dachfuß kann 45° abgeschrägt werden, um nicht von der unteren Schindelreihe abzulenken. Kleben und nageln Sie die Dachkonstruktion fest, wobei Sie mit den Dreiecken beginnen. Lassen Sie alles gut trocknen.

Schritt drei   Schneiden Sie acht Quadrate von 4 cm Seitenlänge aus Sperr- oder Massivholz von 0,5 cm Stärke zu. Schrägen Sie die oberen Kanten ab, und schneiden Sie dann Löcher von 3,5 cm Durchmesser in die Mitte. Setzen Sie die vier Rundstäbe von 3,5 cm Durchmesser in diese Blöcke, und kleben Sie sie als vorderen Säulengang fest.

Schritt vier   Für die Befestigung des Turms schneiden Sie quer über den Dachfirst nahe am vorderen Rand zwei Rillen. Sie sollten einen Abstand von 6,5 cm zueinander haben und etwa 2,5 cm tief sein. Mit einer Laubsäge schneiden Sie ein 6,5 cm großes Quadrat aus den Dachteilen. Diese Öffnung sollte möglichst genau der 6,5 cm großen Grundplatte des Turms entsprechen.

Schritt fünf   Der Turm ist der krönende Abschluß dieses Hauses, egal, ob Sie den hier gezeigten Entwurf kopieren oder einen eigenen nach Ihren Vorstellungen bauen. Die 6,5 cm große Grundplatte ruht auf der Decke. Der Glockenturm wird oben geöffnet, indem eine Reihe von 7,5 cm langen Schnitten von oben gemacht wird, die dann in der Mitte ausgestemmt werden (siehe Abbildung). Schneiden und stemmen Sie die geraden Winkel vor den Diagonalen aus.

Knapp unterhalb dieser Öffnung wird eine auf Gehrung geschnittene, 2,5 cm breite Einfassung aus 5 mm starken Holzresten hinzugefügt und mit abgeschrägten und auf Gehrung geschnittenen Streifen aus 5 mm starkem Holz abgedeckt. Vor dem Zusammensetzen können noch einige dekorative Schnitzarbeiten ausgeführt werden. Das auf Gehrung geschnittene obere Gesims wird aus 5 cm breiten und 5 mm dicken Holzstreifen geschnitten. Die Rundbögen werden mit einer Laubsäge ausgeschnitten.

Der quadratische obere Turm (4 x 4 cm) wird abgeschrägt, so daß er in einer Spitze endet. Bogenförmige Teile aus 5 mm dickem Holz werden um die Unterkante herum festgeklebt und genagelt und dann mit langen, rechteckigen Streifen aus 3 mm starkem Holz umrahmt. Kreise von 1,5 cm Durchmesser aus 3 oder 5 mm starkem Holz können aufgeklebt werden. Verwenden Sie eine 3,5 cm lange Ringschraube mit Leim zur Befestigung dieses oberen Teils in der Mitte des 10 cm großen Quadrats aus 5 mm starkem Holz, das die Dachplatte bildet. In die Ringschraube wird eine kleine Glocke eingehängt. Kleben und nageln Sie diese Konstruktion an die vier Ecken des Turmunterteils. Auf Gehrung geschnittene, 1,5 cm lange Streifen aus 5 mm starkem Holz bilden die eingekerbten Geländer. Holzkugeln, die festgeklebt werden, zieren die Ecken. Sie können die Kugeln auch mit Dübeln mit den Ecken des Geländers verbinden.

Der ganze Turm wird mit Leim im Dach gut befestigt. Die Verbindungsstelle zwischen Dach und Turm sollte mit einem wasserdichten Fugenmittel gut abgedichtet werden.

Schritt sechs Alle übrigen Verzierungen an Türen, Fenstern, Dachgiebeln usw. werden nach Maß aus 5 mm dickem Holz zugeschnitten, festgeklebt und mit kleinen Drahtstiften festgenagelt.

Schritt sieben Schneiden Sie vier 25 cm lange Streifen aus 5 mm starkem Holz auf Gehrung. Sie bilden die vorderen und hinteren Verkleidungen der Dachenden, die festgeklebt und festgenagelt werden. Die Schindeln können ent-

weder fertig gekauft oder aus 3 mm starkem Holz zugeschnitten werden. Tragen Sie nacheinander Silicontropfen auf beide Dachseiten auf, und befestigen Sie jede Schindelreihe von unten nach oben. Jede zweite Reihe wird versetzt und an beiden Enden mit halben Schindeln aufgefüllt. Sie können das Haus im traditionellen Weiß oder nach Wunsch streichen, um die Verzierungen zu betonen.

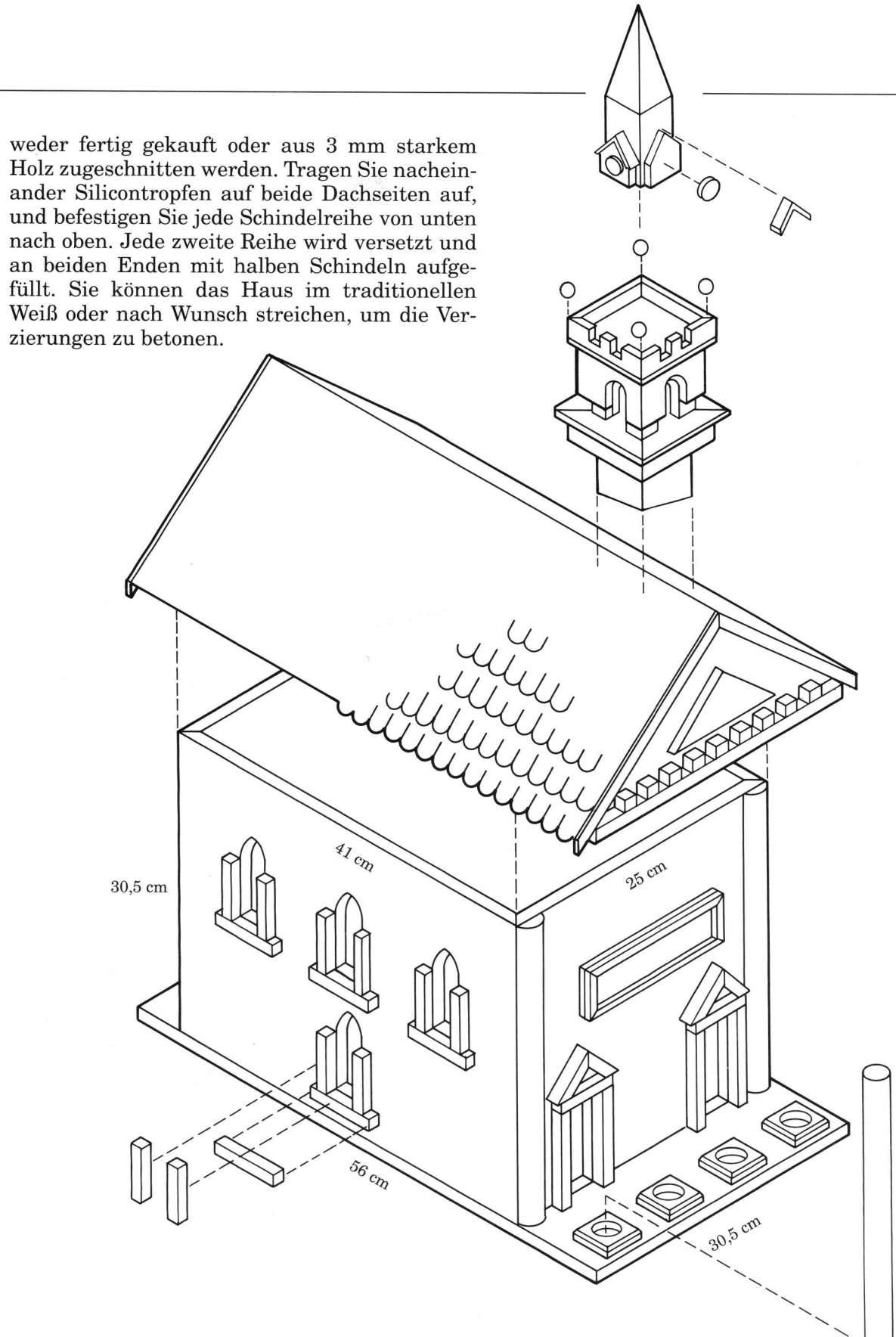

30,5 cm

41 cm

25 cm

56 cm

30,5 cm

DANKSAGUNG

Die Projekte wurden entworfen und konstruiert von:
Ron Anderson
   (Seite 74, 94, 108)
Don Daniels
   (Seite 56, 112, 121)
Mark Dockery
   (Seite 53, 70, 79, 96, 100, 128, 132, 136)
Mike Durkin
   (Seite 78, 80, 82, 84, 86, 98, 102, 105)
Harold Hall
   (Seite 119, 120)
Bobby Hansson
   (Seite 50–52, 126)
Michael Hester
   (Seite 72)
Claudia und Bob Osby
   (Seite 53, 88, 92, 114, 116, 130)
Ralph Schmitt
   (Seite 59, 62, 64)
Fox Watson
   (Seite 67, 138)

Hilfe bei den Projektentwürfen:
Thom Boswell
   (Seite 72, 74, 79, 82, 86, 88, 92, 98, 102, 114, 116, 130, 132, 136)

Abbildungen der Galerie mit freundlicher Genehmigung von:
Blue Spiral I, Asheville, NC
   (Seite 30, 31, 33, 36, 38, 44, 48)

Außenaufnahmen mit freundlicher Genehmigung von:
The Wright Inn, Asheville, NC
   (Seite 103, 139, 142)

Beratung bei dem Kapitel über Vogelfütterung:
Sally L. Coburn

VERZEICHNIS DER KÜNSTLER

Ron Anderson
115 Sue Ann Court
Sterling, VA 22170

Don Bundrick
P.O. Box 84
Tallulah Falls, GA 30573

Carol Costenbader
34 Deerhaven Lane
Asheville, NC 28803

Don Daniels
P.O. Box 939
Locust Grove, OK 74352

Mark Dockery
8 Busbee View Road
Asheville, NC 28803

Mike Durkin
c/o I. Ellis Johnson School
815 McGirts Bridge Rd.
Laurinburg, NC 28352

Marshall Fall
Rt. 1, Box 291-B
Hendersonville, NC 28792

Debra Fritts
385 Waverly Hall Circle
Roswell, GA 30075

Harold Hall
1203 Lake Martin Drive
Kent, OH 44240

Bobby Hansson
P.O. Box 1100
Rising Sun, MD 21911

Michael Hester
244-B Swannanoa River Rd.
Asheville, NC 28805

Mana D.C. Hewitt
947 Laurie Lane
Columbia, SC 29205

Bryant Holsenbeck
2007 Pershing Street
Durham, NC 27705

Barry Leader
122 West High Street
Elizabethtown, PA 17022

Bruce Malicoat
129 E. Vates Street
Frankenmuth, MI 48734

Claudia und Bob Osby
P.O. Box 976
Brevard, NC 28712

Charles Ratliff
183 New Avenue
Athens, GA 30601

David Renfroe
407 Big Pine Road
Marshall, NC 28753

Ralph Schmitt
75 Broadway
Asheville, NC 28801

Randy Sewell
38 Muscogee Avenue
Atlanta, GA 30305

Susan Starr
1580 Jones Road
Roswell, GA 30075

Paul Sumner
5721 N. Church Street
Greensboro, NC 27405

Fox Watson
50 Greene Drive
Black Mountain,
NC 28711

West Olive Folk Art
8370 160th Avenue
West Olive, MI 49460

STICHWORTVERZEICHNIS